DOROTHÉE WAECHTER
THOMAS HAGEN
FOTOS: FRIEDRICH STRAUSS

Der Balkon
PFLANZEN-GUIDE

Die besten Arten & Sorten für jeden Standort

blv

Was Sie in diesem Buch finden

Balkonthemen

Jahreszeiten

Anhang

Einführung

Sie möchten Ihren Balkon bepflanzen und fahren zum Einkauf in eine Gärtnerei oder ein Gartencenter. Dort stehen Sie – vor allem in den Frühlingsmonaten – vor einer riesigen Auswahl an Pflanzen. Alle sind wunderschön, aber es gibt so viele offene Fragen: Wie wächst eine Schneeflockenblume? Welche Ansprüche stellt der Elfenspiegel? Muss ich Zauberglöckchen häufig gießen? Und plötzlich weiß man nicht mehr, was man nehmen soll.

Die Farben der hellrosa und himbeerroten Geraniensorten passen harmonisch zu den verschiedenen Rosatönen von Bank und Balkonkasten. Das graulaubige Mini-Lakritzkraut sorgt für Auflockerung und Struktur.

Dieses Buch hilft Ihnen aus der Ratlosigkeit: Denn es beantwortet nicht nur Ihre Fragen, sondern es unterstützt Sie bei der Auswahl. Sie haben sich beispielsweise für drei Pflanzen entschieden: Vanilleblume, Fächerblume und Leberbalsam. Im Kasten sind noch Lücken. Da könnten Sie etwas dazwischen pflanzen. Blättern Sie mal auf die Seiten für lila und blau blühende Arten. Hier werden Sie weitere Balkonblumen mit dieser Blütenfarbe entdecken. Oder Sie schlagen unter den Begleitern nach. Die schmucken Blättchen des Lakritzkrauts z. B. bringen Ruhe in die Gestaltung.

Dieses Buch wird Sie inspirieren: Denn selten werden Balkonpflanzen in den Gärtnereien so aufgestellt, dass sie zueinander passen. In diesem Buch dagegen wurden die Balkonpflanzen nach praktischen Gesichtspunkten sortiert, z. B. Pflanzen für sonnige oder schattige Standorte, Pflanzen für Frühling und Herbst, und zum anderen nach gestalterischen Aspekten wie Lieblingsfarben oder Stilrichtungen. Sie können sich die passenden Pflanzen zusammenstellen und sogar vor dem Einkauf eine Pflanzenliste vorbereiten. Im Geschäft konzentrieren Sie sich auf die Stückzahlen und die Qualität. Wichtig ist, dass Sie konsequent einen Stil oder ein Farbkonzept verfolgen. Und: Balkone sind klein und bieten die großartige Chance, jedes Jahr etwas Neues auszuprobieren.

Schlagen Sie immer wieder nach: Wenn man neue Pflanzen gekauft hat, weiß man noch nicht so recht, was sie brauchen. Die wichtigsten Pflegetipps finden Sie in diesem Buch. Sie haben sich bewährt und sind erprobt, damit Sie sich darauf verlassen können. Auch bei den Namen hilft das Buch weiter, denn mittlerweile gibt es die unterschiedlichsten Bezeichnungen für ein und dieselbe Pflanze. Den deutschen und botanischen Namen finden Sie über jedem Porträt. Aber vielfach werden die Balkonschönheiten nur noch unter ihren Sortennamen geführt. Wir haben diese Namen, wenn Sie wichtig sind, in die Kopfzeile aufgenommen. Ansonsten hilft Ihnen die Zeile mit den Sorten, gezielt eine der bewährten und passenden auszuwählen.

Wundern Sie sich nicht: Hin und wieder taucht eine Pflanze an der einen oder anderen Stelle im Buch wieder auf. Wir haben dabei diese Vorgehensweise gewählt, damit Sie jeweils die Eigenschaften und Sorten vorfinden, die in dem jeweiligen Zusammenhang wichtig sind.

Freuen Sie sich auf den Erfolg: Der ist Ihnen gewiss, wenn Sie sich auf Ihren neuen Balkonratgeber verlassen. Und verwenden Sie möglichst ausschließlich hochwertige Blumenerde. Ein gutes Substrat ernährt die Pflanzen nicht nur, sondern es kann das Gießwasser gut halten. Nicht nur die Blumen blühen dann üppiger: Sie sparen sich auch viel Arbeit. Und können sich an Ihrem Balkon auf der ganzen Linie erfreuen.

Erklärungen zu den Porträts

1. Wuchsform:
↶ = hängend, ↟ = kletternd, ↑ = aufrecht,
⇞ = buschig

2. Standort:
☼ Sonne, ◑ = halbschattig, ● = schattig.
◑–● halbschattig bis schattig

3. Blütezeit:
✿ 5–7 = blüht von Mai bis Juli.

4. Wasserbedarf
≈ = geringer Wasserbedarf, ≈ = mittlerer Wasserbedarf, ≈ = hoher Wasserbedarf

5. Überwinterung
ü = im Freiland, û = mit Einräumen,
⚰ = Überwinterung nicht empfehlenswert

Sommerliche Leichtigkeit macht sich auf dem Balkon breit, wenn Zauberglöckchen und Petunien ihre dichten Blütendecken über den sommerlichen Blumengefäßen ausbreiten.

Pflanzen für den Sonnenbalkon

Wer einen sonnigen Balkon bepflanzen will, hat eigentlich die große Auswahl. Doch überlegt man etwas länger, stellt sich hier die Frage: Welche Pflanze ist denn wirklich robust und hält der Hitze über mehrere Wochen stand? Hier sind die wahren Sonnenanbeter gefragt, die erst richtig in Schwung kommen, wenn das Thermometer bei 25 °C und darüber liegt. Einige bevorzugen dabei sogar eine gewisse Trockenheit des Bodens, wie beispielsweise Geranien. Andere wie der Goldzweizahn wachsen so üppig, dass man den Nachschub an Nährstoffen nicht vergessen darf. Die Auswahl an üppig wachsenden Balkonblumen hat den Vorteil, dass diese für etwas Schatten sorgen und durch ihre Verdunstung auch das Kleinklima verbessern. Es empfiehlt sich, mit zwei bis drei größeren Gruppen Akzente zu setzen, statt eine lückenlose Gestaltung anzustreben. Die Pflanzen für die Sonne kommen auch im Halbschatten gut zurecht. Hier gießt man etwas weniger, dann stellt sich auch dort die entsprechende Blütenpracht ein.

Der farbliche Dreiklang von roten Zauberglöckchen und Geranien mit Goldzweizahn und Blauer Mauritius sorgt für heitere Stimmung auf dem Sonnenbalkon.

Bartfaden
Penstemon-Hybriden

↑   ☀   ✿ 6–10   ≈   ⚭

Pflegeleichte Blütenstaude für Kübel.

Wuchs: Aufrechte Horste; mehrtriebig; schmale, frisch grüne Blätter.

Blüte: Rachenblüten im oberen Drittel der Triebe; kräftige Farben; pink, purpur, lilablau, rot.

Pflege: Regelmäßig gießen und düngen.

Verwendung: Hübsch mit Margeriten, Kapkörbchen und Schleierkraut.

Sorten: 'Hidcote Pink', rosa, 50 cm; 'Russian River', dunkelviolett, 50 cm; 'Stapleford Gem', purpurblau, 60 cm.

Blaumäulchen
Torenia-Hybriden

↶   ☀   ✿ 5–9   ≈   ⚭

Unkomplizierte Schönheit.

Wuchs: Überhängend mit etwa 30 cm langen Trieben; dicht buschig.

Blüte: Blaue oder violette Rachenblüten, die 3–4 cm lang sind.

Pflege: Sonnig warm und geschützt aufstellen; regelmäßig gießen; Dünger mit hohem Anteil an Spurenelementen verwenden.

Verwendung: Passt gut zu Husarenknöpfchen und Studentenblumen.

Elfensporn
Diascia-Hybriden

  ☀–◑ ✿ 5–9   ≈   ⚭

Sommerliche Leichtigkeit in Rosatönen.

Wuchs: Buschige Polster mit überhängenden Trieben; 20–30 cm hoch.

Blüte: Rachenförmig in endständigen Trauben; verschiedene Rosatöne und Korallenrot.

Pflege: Leicht saures Substrat; mäßig düngen und gießen; Staunässe vermeiden; Rückschnitt möglich, wenn die Blühfreudigkeit nachlässt.

Verwendung: In Hanging Baskets und in Kästen.

Sorten: 'Breezee Appleblossom', apfelblütenrosa; 'Plus Pink', pinkfarben.

Fächerblume
Scaevola saligna

↰ ☀ ✿ 5–9 ≈ ⚊

Zuverlässige Hängepflanze.
Wuchs: Kräftige, 40–70 cm lange Triebe; leicht übergeneigt abstehend.
Blüte: Fächerförmig abstehende Blütenblätter; Blüten dicht nebeneinander an den Triebenden; in Weiß und Violett.
Pflege: Leicht saure Erde zum Pflanzen verwenden; regelmäßig gießen und düngen; Staunässe vermeiden.
Verwendung: Blumenkästen, Ampeln.

Gauchheil, Leinblättriger
Anagallis monellii

↰↗ ☀–◑ ✿ 6–9 ≈ ⚊

Für alle, die das Besondere lieben.
Wuchs: Kompakte Büsche mit überhängenden, bis zu 40 cm langen Trieben.
Blüte: Rundliche Blüten an den Triebspitzen in Orangerot und in Blau.
Pflege: Windgeschützter Standort; regelmäßig gießen und düngen; Staunässe und Austrocknen unbedingt vermeiden; Rückschnitt möglich.
Verwendung: Ampel, Wandgefäß, zu Blaumäulchen und Elfenspiegel.

Geranie, Hängende
Pelargonium-Peltatum-Hybride

↑ ☀ ✿ 5–9 ≈ û

Vielseitiger und anspruchsloser Klassiker.
Wuchs: Kompakt buschig; aufrecht; lang gestielte, große Blätter; Höhe bis 30 cm.
Blüte: Große, rundliche Dolden auf einem kräftigen Stiel; weiß, rosa, rot; zum Teil zweifarbig durch Aderung und Zeichnung.
Pflege: Mäßig gießen; Erde abtrocknen lassen; regelmäßig düngen; verblühte Dolden ausbrechen.
Verwendung: Leitpflanze; auch als Hochstamm oder Busch.

Goldtaler
Asteriscus maritimus

↰   ☼   ✿ 5–9   ≋   ⚰

Pflegeleichte Polsterpflanze.
Wuchs: Breitwüchsig; flach; hängt leicht über die Ränder; silbergrünes Blattwerk.
Blüte: Goldgelbe Strahlenblüten mit einem Durchmesser von 4 cm flach auf den Polstern.
Pflege: Regelmäßig gießen und düngen.
Verwendung: Passt gut zu gelben Kombinationen mit Elfenspiegel und Kapmargerite.

Sorten: 'Aurelia Gold', große Blüten; 'Gold Dollar', kompakter Wuchs.

Goldzweizahn
Bidens ferulifolia

↰   ☼   ✿ 5–9   ≋   ⚰

Überschäumende Blütenpracht.
Wuchs: Buschig mit dichten überhängenden Trieben und feingliedrigem Laub.
Blüte: Kleine bis große Blütensterne in Gelb, zum Teil mit brauner Mitte.
Pflege: Hoher Wasser- und Nährstoffbedarf vor allem im Hochsommer.
Verwendung: Passt gut zu Verbenen, Fächerblume und Petunien.

Sorten: 'Funny Honey', orangerot mit rotem Auge und gelber Zeichnung; 'Painted Red', orangerot mit gelbem Auge, wüchsig; 'Lemon Moon', hellgelbe Blüten; 'RockStar', sehr große Blüten.

Kapkörbchen
Osteospermum-Hybriden

↑   ☼   ✿ 5–9   ≈   ⚰

Pflegeleichte Sommerblume.
Wuchs: Aufrechte Büsche aus dichten Blättern, über denen die Blüten stehen.
Blüte: Margeritenförmig; großblumig; hellgelb, lachsfarben, orange, weiß, rosa, pink.
Pflege: Regelmäßig wässern und düngen; welke Blüten entfernen.
Verwendung: Hübsch mit Elfensporn, Präriekerze und Lakritzkraut.

Sorten: 'Symphony'-Serie, reichblütig; 'Hip Hop'-Serie, kompakt wachsend.

Dipladenie
Mandevilla-Hybride

↥　　　☼　　　✿ 6–10　　　≈　　　û

Extrem trockenheitsverträglich.
Wuchs: Kletternd, bisweilen buschig überhängend.
Blüte: Große Trichter in leuchtendem Rot, Rosa oder Weiß, auch in Gelb, meist in Büscheln.
Pflege: Pflegeleicht; einmal im Monat düngen; bilden sich lange peitschenartige Triebe aus, kürzt man sie um zwei Drittel ein, um die Blütenbildung zu fördern.
Verwendung: Niedrig bleibende Sorten in Kästen, überhängende für Ampeln, kletternde als Sichtschutz.

Leberbalsam
Ageratum houstonianum

⌄⋏　　　☼　　　✿ 6–9　　　≈　　　ⓤ

Blütenreiche Begleitpflanze.
Wuchs: Breitbuschig mit an den Rändern leicht übergeneigten Trieben; 10–25 cm; höhere Sorten eignen sich für Beetbepflanzungen.
Blüte: Schirmförmige Trugdolden, die sich aus quastenähnlichen Einzelblüten zusammensetzen; in Rosa- und Lilatönen sowie in Weiß.
Pflege: Regelmäßig gießen; Staunässe vermeiden; regelmäßig düngen; verblühte Triebe abschneiden.
Verwendung: Passt gut in lilablaue Gestaltungen.

Mittagsgold
Gazania-Hybride

↑　　　☼　　　✿ 6–9　　　≈　　　ⓤ

Blüten wie große Sonnen.
Wuchs: Aufrechte Büsche aus schmalen Blättern.
Blüte: Groß; margeritenförmig mit gelber Mitte und orangefarbenen oder gelben Zungenblüten mit roten oder schwarzbraunen Streifen; steht gestielt über dem Laub.
Pflege: Mäßig gießen; Langzeitdünger als Nahrung; Staunässe und anhaltende Feuchtigkeit vermeiden; Welkes abschneiden.
Verwendung: Für Kästen mit hellem bis voll sonnigem, warmem Standort.

Portulakröschen
Portulaca grandiflora

🡤🡥🡭   ☀   ✿ 6–9   ≈   ⚱

Mit eigenem Wasserreservoir.
Wuchs: Rundliche Büsche aus zarten Trieben; fleischige
Blätter, die Wasser speichern.
Blüte: Rosenähnlich; einfach, halbgefüllt, gefüllt; in Rosa,
Rot, Goldgelb, Weiß.
Pflege: Durchlässiges Substrat; mäßig gießen; wenig düngen.
Verwendung: Hübsch zu Mini-Lakritzkraut, Wandelröschen
und Husarenknöpfchen; Mischung auch in Ampeln attraktiv.

Ringelblume
Calendula officinalis

🡤🡥🡭   ☀   ✿ 5–10   ≈   ⚱

Heilpflanze mit essbaren Blüten.
Wuchs: Buschig; mehrtriebig; mit länglichen großen Blättern.
Blüte: Halbgefüllte oder gefüllte Margeritenblüten in Orange
oder Gelb.
Pflege: Ausreichend wässern; welke Blüten ausknipsen.
Verwendung: Zwischen Naschgemüse; zu Oregano und
Salbei; ergänzt gelbe Gestaltungen.

Sonnenhut
Rudbeckia hirta

🡩   ☀   ✿ 6–10   ≈   ⚱

Blickfang für die zweite Sommerhälfte.
Wuchs: Straff aufrechte Horste; raue, dunkelgrüne Blätter.
Blüte: Gelborange Strahlenblüten um eine schwarzbraune,
kugelige Mitte über dem Laub.
Pflege: Leicht feucht halten; Verblühtes abschneiden.
Verwendung: Passt gut zu einjährigem Lampenputzergras,
Goldzweizahn und Studentenblumen.
Hinweis: Wird häufig im Hochsommer angeboten.

Spanisches Gänseblümchen
Erigeron karvinskianus

↰   ☀–◐   ✿ 5–9   ≈   ♨

Pflegeleichte Hängepflanze.
Wuchs: Überhängende, lange Triebe; reich verzweigt; 20–30 cm hoch.
Blüte: Gänseblümchen-ähnliche Blüten, die sich im Verblühen von Weiß nach Rosa bis Rot färben.
Pflege: Mäßig gießen; nur wenig düngen; Rückschnitt fördert den Neuaustrieb.
Verwendung: Für Hanging Baskets, in Ampeln und als lockerer Begleiter für Kastenkombinationen.

Spinnenblume
Cleome spinosa

↑   ☀   ✿ 5–9   ≈   ♨

Wunderschöne, pflegeleichte Neuheit.
Wuchs: Aufrechte, buschige Horste mit dunklen Trieben und fingerförmigem Laub; 50–60 cm hoch.
Blüte: Kugelige Blütenstände, die nach oben auswachsen; Einzelblüten mit gespreizten Schaublättern, die den Vergleich mit Spinnenbeinen nahelegen; dunkelrosa.
Pflege: Regelmäßig gießen und düngen.
Verwendung: Ideal als Solitär im großen Topf.

Sorten: 'Senorita Rosalita' (Bild), lilarosa; 'Senorita Blanca', hellrosa fast weiß.

Sterntaler
Melampodium paludosum

↰↑↗   ☀   ✿ 5–9   ≈   ♨

Wüchsige Sommerblume.
Wuchs: Dicht buschig; aufrecht; große, frisch grüne Blätter.
Blüte: Goldgelb; sternförmig; etwa 2 cm im Durchmesser; über dem Laub.
Pflege: Mäßig gießen und düngen; Rückschnitt möglich.
Verwendung: Zusammen mit weißem und gelbem Elfenspiegel oder Sonnenhut.

Strohblume
Helichrysum bracteatum

↑   ☼   ✿ 5–9   ≈   ⚱

Robust und zuverlässig.

Wuchs: Aufrechte, breit wachsende Horste mit verzweigten Blütenständen.

Blüte: Blütenköpfchen aus papierartigen Blütenblättern; orange, zitronengelb, dottergelb.

Pflege: Scharfer Rückschnitt nach der Blüte sowie leichte Düngung regen die Zweitblüte an.

Verwendung: Guter Begleiter zu Rosen und vielen Beetstauden.

Sorten: 'Sundaze Lemon', zitronengelb mit sattgelber Mitte; 'Sundaze Gold'; 'Dazette Flame', goldorangefarbene Blüten, kompakter Wuchs.

Studentenblume
Tagetes tenuifolia

⤳↑⤴   ☼   ✿ 6–9   ≈   ⚱

Wüchsiger Klassiker.

Wuchs: Kompakt buschig; wächst im Laufe des Sommers in die Breite; daher große Pflanzabstände berücksichtigen.

Blüte: Klein; dicht über die Büsche verteilt; gelb, orange.

Pflege: Regelmäßig gießen und düngen; Rückschnitt möglich.

Verwendung: Zusammen mit Sonnenhut, Ringelblumen und grünblättriger Süßkartoffel.

Sorte: 'Gold Medal', lang anhaltende Blüte, keine Samenbildung.

Südamerika-Salbei
Salvia guaranitica

⤳↑⤴   ☼   ✿ 8–10   ≈   ⚱

Ein Solitär für die zweite Sommerhälfte.

Wuchs: Aufrechte, dichte Horste; bis 100 cm; kräftiges grünes Laub.

Blüte: Blaue Lippenblüten in dichten Kerzen an den Triebenden; ab August.

Pflege: Regelmäßig gießen; mäßig düngen; Entspitzen der Triebe fördert die Verzweigung der Pflanzen.

Verwendung: Blickfang zusammen mit Sonnenhut im Kübel; Unterpflanzung mit Lakritzkraut.

Vanilleblume
Heliotropium arborescens

🌱︎　☀︎　❀ 6–9　≈　û

Halbstrauch mit eleganten Blütenständen.
Wuchs: Buschig, aufrecht, reich verzweigt; runzelig, dunkelgrünes Laub; Höhe 20–40 cm.
Blüte: Flache Trugdolde, die sich aus stecknadelkopfgroßen Einzelblüten zusammensetzt; helllila bis tiefdunkelblau; Vanilleduft.
Pflege: Regelmäßig gießen und düngen; Verblühtes abschneiden.
Verwendung: Zu Blaumäulchen und Verbenen.

Sorten: 'Incense', dunkle Blätter, lila Blüten; 'Marine', besonders dunkelblaue Blüten.

Verbene
Verbena-Hybride

↶　☀︎　❀ 5–9　≈　ᵾ

Pflegeleicht und wüchsig.
Wuchs: Breit und flach; äußere Triebe wachsen überhängend nach unten.
Blüte: Klein; rundlich; in doldenartigen Ähren an einem kräftigen Stiel.
Pflege: Regelmäßig gießen; hoher Nährstoffbedarf, der mit Langzeitdünger gedeckt werden kann; Rückschnitt fördert den Neuaustrieb.
Verwendung: Ergänzt aufrechte und buschige Pflanzen.
Hinweis: Schlechtes Wetter fördert Mehltau.

Zauberglöckchen
Calibrachoa-Hybriden

↶　☀︎　❀ 5–9　≈　ᵾ

Die kleine Schwester der Hänge-Petunien.
Wuchs: Überhängend, dichtwüchsig.
Blüte: Klein, trichterförmig gestreckt; lila, orange, rot, gelb, weiß.
Pflege: Regelmäßig, aber sparsam gießen; ideal für regengeschützte Standorte; schwach dosiert düngen.
Verwendung: Gemischt mit Husarenknöpfchen, Verbenen und Elfenspiegel in einer Ampel.

Ziertabak

Nicotiana × sanderae

↑   ☼–◐   ❀ 5–9   ≈   ⌑

Im Hochsommer in Höchstform.

Wuchs: Dichtbuschig; mäßig verzweigt; aufrecht.

Blüte: Sternförmige Röhrenblüten in dichten Trauben über dem Blattwerk; rosa, rot, bordeauxrot, weiß, grünlich gelb.

Pflege: Regelmäßig gießen; hoher Nährstoffbedarf; welke Blüten ausknipsen.

Verwendung: Ideale Ergänzung zu überhängenden Pflanzen im großen Kasten.

Sorten: 'Zartrosa Gnom', niedrig, hellrosa; 'Havana Apfelblüte', rosaweiß, mittelhoch; 'Lime Green', blühfreudig, grünlich gelb, mittelhoch.

Zigarettenblümchen

Cuphea ignea

↰↱   ☼   ❀ 6–9   ≈   û

Zierlich und raffiniert im Blütenschmuck.

Wuchs: Dichtbuschig; reich verzweigt; 30–40 cm hoch.

Blüte: Länglich; klein; rot mit weißem Ende; über den ganzen Busch locker verteilt.

Pflege: Regelmäßig gießen und düngen; Rückschnitt möglich.

Verwendung: Solitär im Kübel mit rot blühenden Zauberglöckchen und Gauchheil unterpflanzt.

Zinnie

Zinnia elegans

↑   ☼   ❀ 6–10   ≈   ⌑

Ein Gruß aus dem Garten.

Wuchs: Aufrechte Horste, reich verzweigt; 30–60 cm.

Blüte: Rundlich; einfach oder gefüllt; bis zu 8 cm groß.

Pflege: Regelmäßig gießen und düngen; eigene Anzucht aus Samen.

Verwendung: Passt zu Männertreu, Leberbalsam und Schleierkraut.

Pflanzen für den Schattenbalkon

Dort, wo die Sonne nicht hinkommt, sind Balkone und Terrassen im Sommer besonders angenehm. Die Kühle und ein leichter Wind – in dem Klima kann man sich von der Hitze erholen. Bunte Blüten und schmucke Blätter dürfen nicht fehlen.

Helle Farben sorgen dafür, dass der Eindruck von Licht verstärkt wird. Sie können sich mit Blüten oder auch durch die weißen oder gelben Zeichnungen auf dem Laubwerk in die Gestaltung einmischen. Blüten, die über den panaschierten Blättern stehen, werden wie

von kleinen Spots angeleuchtet. Blau blühende Pflanzen sollten unbedingt mit Farben wie Rosa, Weiß oder Pink vermischt werden, da sie im Schatten leicht stumpf und flach wirken.

Der Vorteil von schattigen Sitzplätzen besteht auch darin, dass man meist seltener gießen muss. Auf Gefäße mit einem Wasserspeicher kann in der Regel verzichtet werden. Die Verdunstung ist geringer, und so sollte man wirklich darauf achten, dass die Erde immer mal wieder abtrocknet. Andernfalls könnte sich Fäulnis breitmachen.

Diese Bepflanzung aus blauen und weißen Hortensien sowie Funkien mit herzförmigen Blättern ist mehrjährig.

Astilbe
Astilbe-Arendsii-Hybriden

↑ ◑–● ✿ 6–8 ≈ ü

Sommerblühende Staude mit feinem Laub.

Wuchs: Kleine Horste aus fein zerteiltem, farnähnlichem Laub; Höhe 25–60 cm.

Blüte: Aufrechte, zum Teil kompakte bis locker überhängende Blütenrispen über dem Laub; rosa, rot, fliederfarben, weiß; ab Juni.

Pflege: Regelmäßig gießen; im Frühling zurückschneiden und düngen; welke Blüten entfernen.

Verwendung: Passt gut zu immergrünen Kleingehölzen und Blattschmuckpflanzen.

Buntnessel
Solenostemon scutellarioides

 ◑–● ✿ – ≈ û

Vielseitiger, pflegeleichter Blattschmuck.

Wuchs: Aufrechte Halbsträucher; buntes Laub.

Blüte: Unscheinbar.

Pflege: Regelmäßig gießen und düngen; Spitzen immer wieder ausknipsen, um die Verzweigung zu fördern; kräftiger Rückschnitt möglich.

Verwendung: Mischung verschiedener Sorten.

Hinweis: Kann im Zimmer überwintert werden.

Sorten: 'Sedona', kupferfarbene Blätter mit Purpur; 'Dark Star', fast schwarz; 'Quarterback', gelbgrün mit braunen Flecken.

Edellieschen
Impatiens-Neuguinea-Hybriden

◑–● ✿ 5–9 ≈ ŭ

Eine überschäumende Blütenpracht.

Wuchs: Aufrecht; buschig; reich verzweigt; mit großen glänzend dunkelgrünen Blättern.

Blüte: Rundlich gespornt, Durchmesser bis 4 cm; weiß, rosa, rot, violett; auch zweifarbig mit Streifen auf den Blütenblättern.

Pflege: Gleichmäßig leicht feucht halten; mäßig düngen; welke Blüten ausknipsen, um die Knospenbildung anzuregen.

Hinweis: Edellieschen sind kälteempfindlich und dürfen erst Mitte bis Ende Mai ins Freie.

Efeu
Hedera helix

Winterharter, robuster Kletterer.
Wuchs: Lange Triebe, die überhängen oder an Spalieren befestigt werden können; Blätter unterschiedlich groß und verschieden geformt; dunkelgrün, zum Teil mit gelber oder weißer Zeichnung.
Blüte: Erst bei alten Exemplaren.
Pflege: Regelmäßig gießen; Rückschnitt möglich.
Verwendung: Als Ampelpflanze oder für die Ränder von Kästen; hübsch an dekorativen Drahtgerüsten.

Eisbegonie
Begonia-Semperflorens-Hybriden

Pflegeleicht und sehr blühwillig.
Wuchs: Kleine kompakte Büsche mit glänzenden Blättern in Grün oder Rotbraun; breit wachsend.
Blüte: Kleine Blüten in Rot, Rosa und Weiß an Stielen über dem Laub.
Pflege: Regelmäßig mäßig gießen; schwach dosiert selten düngen; welke Blüten ausknipsen.
Verwendung: Ideal in Kästen und Töpfen; hübsch zur Unterpflanzung von Hochstämmchen und immergrünen Gehölzen im Kübel.

Fleißiges Lieschen
Impatiens-Walleriana-Hybriden

Blütenreicher und pflegeleichter Klassiker.
Wuchs: Breite Horste aus meist aufrechten Trieben; reich verzweigt; Höhe bis zu 25 cm.
Blüte: Rundlich, mit Sporn; dicht nebeneinander an den Triebenden; rosa, weiß und rot; zum Teil gefüllt.
Pflege: Gleichmäßig feucht halten; schwach dosiert düngen; gelegentlich abgefallene Blüten absammeln.
Verwendung: Mischung verschiedener Blütenfarben in einem Kasten.

Fuchsie
Fuchsia-Hybriden

   ◑–● ❀ 5–10 ≈ û

Blüht bis spät in den Herbst.

Wuchs: Stehend oder hängend; reich verzweigt.

Blüte: Glockenförmig; länglich schmal bis kugelig rund; zwei-teilig, bestehend aus hochgeschlagenen Kelchblättern und fast geschlossener Blütenkrone; zweifarbig in Rot, Rosa, Violett und Weiß.

Pflege: Regelmäßig gießen; schwach dosiert düngen; Fruchtansätze regelmäßig entfernen; Rückschnitt möglich.

Verwendung: Für Ampeln und Kästen.

Gundermann
Glechoma hederacea 'Variegata'

  ◑–● ❀ – ≈ ü

Überzeugend wüchsig und anspruchslos.

Wuchs: Aus Kästen und Ampeln herunterhängende, bis zu 2 m lange Triebe; rundliche Blätter mit gezahntem Rand; weiße Zeichnung.

Blüte: Unscheinbar.

Pflege: Regelmäßig gießen und düngen; stehendes Wasser in der Sonne hinterlässt braune Flecken auf den Blättern.

Verwendung: Für Ampeln und Kästen außen an der Balkon-brüstung.

Hortensie
Hydrangea macrophylla

   ◑–● ❀ 6–10 ≈ ü

Ein imposanter Blickfang.

Wuchs: Aufrecht; buschig; reich verzweigt; zwischen 40 und 70 cm im Topf; mehrjährig.

Blüte: Doldenrispen; kugelig; 15–20 cm Durchmesser; sterile Schaublüten in Rosa, Rot, Weiß oder Blau.

Pflege: Regelmäßig gießen; braucht viel Wasser; im Frühsom-mer düngen; im Herbst nur Blüten und Totholz abschneiden.

Verwendung: Als Solitär unterpflanzt mit Schneeflockenblumen.

Sorten: 'Endless Summer', lockerer Wuchs, blüht den Sommer durch; 'Forever & Ever', kompakt, blüht den Sommer durch.

Hosta, Funkie
Hosta-Arten und -Sorten

↑　　　　◐－●　　　✿ 6–9　　　≈　　　　ü

Vielseitige, mehrjährige Blattschmuckstaude.
Wuchs: Mehrtriebig in dichten Horsten; gestielte, schmale bis rundliche, herzförmige Blätter; verschiedene Grüntöne; unterschiedliche Größen; weiße oder gelbe Zeichnung möglich.
Blüte: Kleine, lilienähnliche Blüten an kräftigen Stielen; weiß, fliederfarben; zum Teil duftend; ab Juni bis August.
Pflege: Anspruchslos; im Frühling ausputzen und düngen.
Verwendung: In Kombination mit Gräsern, Euphorbien und Buchsbaum.

Japanisches Goldbandgras
Hakonechloa macra 'Aureola'

↖↑↗　　　　◐－●　　　✿ –　　　≈　　　　ü

Prachtvolles, anspruchsloses Gras.
Wuchs: Dichte Horste mit schwungvoll nach vorne über-hängenden Blättern; Laub breit, grün und gelb gestreift.
Blüte: Unscheinbar.
Pflege: Regelmäßig gießen; im Frühling ausputzen; gege-benenfalls Horste teilen.
Verwendung: Als Solitär in einem dekorativen hohen Gefäß oder auf einer Säule.

Knollenbegonie
Begonia-Tuberhybrida-Gruppe

↶　　　　◐－●　　　✿ 6–9　　　≈　　　　û

Großblumige Ampelschönheit.
Wuchs: Breit buschig; Triebe fallen leicht auseinander und hängen über; 30–45 cm hoch.
Blüte: Rundliche Blüten mit substanzreichen Blütenblättern; zum Teil gefüllt; weiß, rot, rosa, orange, gelb.
Pflege: Anspruchslos; Knollen werden frostfrei überwintert; Antreiben im Frühling.
Verwendung: Einzeln in einem schönen Gefäß.

Schmuckfarn

Dryopteris erythrosora

🜋   ◑–●   ✿ –   ≈   ü

Mehrjährige Farnschönheit.

Wuchs: Horste aus zierlichen Wedeln; Höhe bis 50 cm im Topf.

Blätter: Zweifach gefiederte Wedel; glänzend grün; im Austrieb rötlich hellbraun.

Verwendung: Als Solitär in einem bauchigen Tontopf, der frostfest ist; kombiniert mit Frühlingsblühern wie Narzissen, Schneeglöckchen und Traubenhyazinthen.

Pflege: Regelmäßig gießen; im Herbst ausputzen.

Schneeflockenblume

Sutera cordata

🜋   ☼–●   ✿ 5–10   ≈   ☿

Pflegeleichter Lückenfüller.

Wuchs: Flache, überhängende Polster mit rundlichen, frisch grünen Blättern; Höhe 10–15 cm, Länge der Triebe bis 50 cm.

Blüte: Runde Einzelblüten zwischen den Blättern; in Weiß, Rosa und Fliederfarbe.

Pflege: Regelmäßig gießen; verträgt kurzzeitige Trockenheit; regelmäßig düngen.

Verwendung: Zur Unterpflanzung von Gehölzen; zusammen mit Fleißigen Lieschen im Kasten.

Sorten: 'Everest Blue', lavendelblau; 'Everest Rose', dunkelrosa.

Taubnessel

Lamium maculatum

🜋   ◑–●   ✿ 4–10   ≈   ü

Winterhart und schattenverträglich.

Wuchs: Polster aus kriechenden Ausläufern; Höhe 15–20 cm; Blätter eiförmig; weiß-grüne Zeichnung.

Blüte: Lippenblüten in Scheinquirlen; rosa, purpurfarben, weiß; ab April bis Herbst.

Pflege: Gleichmäßig gießen und düngen; Rückschnitt möglich.

Verwendung: Zu Fleißigen Lieschen und Eisbegonien; mit Akelei und Primeln.

Sorten: 'White Nancy' (Bild), weiße Blattmitte; 'Pink Chablis', hellrosa Blüten.

Lieblingsfarben

Die sonnige Wärme von Gelb und Orange

Die Sonne ist das Symbol des Sommers. Daher führen die Farben des strahlenden Himmelskörpers – Gelb und Orange – die Hitliste bei den Balkonpflanzen an. Sie verzaubern einen grau verhangenen Sommerhimmel und spenden atmosphärisch ein paar Grad Celsius an Wärme. Mischen sich einige Tupfer Rot darunter, so zeigt sich das Temperament der Farben des Feuers.

Sowohl Gelb als auch Orange lassen sich gut mit anderen Farben kombinieren. Für eine frische moderne Note wählt man kräftige Lilatöne oder gar pinkfarbene Blüten zum satten Orange, das versprüht Fröhlichkeit. Gelb und Blau, die Farben von Sonne und Himmel, vermitteln Klarheit und Natürlichkeit. Durch zarte Töne kommt eine dezentere Wirkung ins Spiel. Cremefarbene Blüten, gelb panaschierte Blätter und silbriges Laub verleihen dem sonnigen Eindruck angenehme Frische – so wie eine Kugel Vanilleeis den Orangensaft erfrischt. Das ist für einen heißen Südbalkon ganz wichtig.

Strohblumen in Orange und Gelb blühen mit Studentenblumen um die Wette. Damit es nicht zu feurig wird, sorgen *Sedum* und *Helichrysum* mit frischgrünem Laub für eine Abkühlung.

Chilenisches Sonnenblümchen

Mecardonia 'Magic Carpet Yellow'

☀–◐   ❀ 5–10   ≈   ⚒

Hübsche Neuheit mit großer Wuchskraft.

Wuchs: Überhängend; kriechend; bis 40 cm lange Triebe.

Blüte: Rachenblüten; 1 cm im Durchmesser; über dem Laub; chromgelb.

Pflege: Regelmäßig gießen und düngen; Rückschnitt möglich.

Verwendung: Für Schalen und Ampeln; gut als Solitär.

Weitere Sorte: 'Golddust', dichte Blüten, für die Unterpflanzung von Hochstämmchen.

Elfenspiegel

Nemesia-Sunsatia-Hybriden

☀   ❀ 5–9   ≈   ⚒

Ein robuster, blühfreudiger Newcomer.

Wuchs: Lockere Büsche mit straff aufrechtem Wuchs, äußere Triebe überhängend, 20–35 cm.

Blüte: Gespornte Rachenblüten an aufrechten Blütenstielen; auch in Rosa, Rot und Weiß.

Pflege: Gelegentlich ausputzen; regelmäßig gießen und düngen; Staunässe vermeiden.

Verwendung: Füllpflanze in Kästen; auch für Ampeln ideal.

Sorten: 'Pera', großblumig, hellgelb; 'Pomelo', sattgelb; 'Blood Orange', blutorange-rot mit dunklem Rand.

Gelbes Gänseblümchen

Thymophylla tenuiloba

☀   ❀ 5–9   ≈   ⚒

Pflegeleichter Lückenfüller.

Wuchs: In die Breite wachsend; Höhe 10–20 cm.

Blüte: Kleine, etwa 2 cm große Gänseblümchenblüten in sattem Goldgelb.

Pflege: Mäßig gießen und schwach dosiert düngen; Rückschnitt möglich, um einen Neuaustrieb anzuregen.

Verwendung: Für die Ränder von Balkonkästen; in gemischten Blütenampeln und unter Hochstämmchen.

Goldtaler, Dukatenblume
Asteriscus maritimus

↰   ☼   ✿ 5–9   ≈   Ӿ

Ideal für die pralle Sonne.
Wuchs: Recht kompakte, übergeneigte bis leicht hängende Kissen; Höhe bis 15 cm.
Blüte: Einzelne, 3–4 cm große Korbblüten auf kräftigen Stielen; goldgelb.
Pflege: Regelmäßig gießen und düngen; Staunässe vermeiden.
Verwendung: Zwischen höhere Balkonpflanzen und an Rändern; ideal für kleinere Ampeln.

Goldzweizahn
Bidens ferulifolia

↰   ☼   ✿ 5–9   ≈   Ӿ

Eine wüchsige, reichblühende Schönheit.
Wuchs: Buschig mit dichten, überhängenden Trieben und feingliedrigem Laub.
Blüte: Kleine bis große Blütensterne in Gelb.
Pflege: Hoher Wasser- und Nährstoffbedarf, vor allem im Hochsommer.
Verwendung: Ideal in Ampeln und großen Blumenkästen mit Hängepetunien und Verbenen.

Sorten: 'Tweety', kugliger Wuchs, große Blüten; 'Painted Red', orange-farbene Blüten mit gelber Mitte; 'Rockstar', große Blüten, gesund, dichter Wuchs.

Husarenknöpfchen
Sanvitalia procumbens

↰   ☼   ✿ 5–9   ≈   Ӿ

Eine zuverlässige, zierliche Begleitpflanze.
Wuchs: Überhängende Polster, die dicht mit Blüten besetzt sind; Länge der Triebe bis 50 cm.
Blüte: Kleine gelbe Sonnenblumenblüten mit grüner oder brauner Mitte.
Pflege: Mäßig gießen und düngen; Erde immer wieder abtrocknen lassen.
Verwendung: Ampeln; Hanging Baskets; Randbepflanzung in Blumenkästen.

Sorten: 'Minibini', kompakter Wuchs; 'Superbini', schmale, strahlenförmige Blüten; 'Improved Aztekengold', verbreitete Sorte.

Kapkörbchen

Osteospermum-Hybriden

↑ ☼ ✿ 5–9 ≈ ⚰

Ein reichblühender Sonnenanbeter.

Wuchs: Aufrechte Büsche aus dichten Blättern, über denen die Blüten stehen; Höhe bis 35 cm.

Blüte: Margeritenförmig; großblumig; hellgelb, lachsfarben, orange, weiß, rosa, pink.

Pflege: Ausreichend wässern und düngen; Staunässe vermeiden; welke Blüten entfernen.

Verwendung: Zu Elfensporn und Elfenspiegel.

Sorten: 'Symphony'-Serie, reichblütig; 'Hip Hop'-Serie, kompakt wachsend.

Kapuzinerkresse

Tropaeolum-Hybriden

↶/↷ ☼–◑ ✿ 6–9 ≈ ⚰

Ein Klassiker mit ländlichem Flair.

Wuchs: Buschig überhängend *(T. majus*-Hybriden); buschig kompakt *(T. minus*-Hybriden).

Blüte: Trichterförmig; gespornt; gelb, orange und rot; zum Teil dicht gefüllt.

Pflege: Regelmäßig gießen; mäßig düngen; welke Blüten ausputzen.

Verwendung: In Kästen, Töpfen und Ampeln.

Hinweis: Blattläuse biologisch bekämpfen.

Sorte: *T. majus* 'Alaska', marmoriertes Laub.

Mittagsgold

Gazania rigens

↑ ☼ ✿ 6–9 ≈ ⚰

Ein großblumiger Blickfang.

Wuchs: Aufrechte Büsche; Höhe 20–30 cm.

Blüte: Groß; margeritenförmig mit gelber Mitte und orange-farbenen oder gelben Zungenblüten mit roten oder schwarzbraunen Streifen.

Pflege: Mäßig gießen; Langzeitdünger als Nahrung; anhaltende Feuchtigkeit vermeiden.

Verwendung: Für Kästen mit hellem bis voll sonnigem, warmem Standort.

Sorten: 'New Magic', orangegelb mit schwarze Streifen; 'Yellow Magic', chromgelb; 'Tiger Eye', orange Blüte, weiß-grünes Laub.

Nachtkerze
Oenothera-Hybride 'Lemon Drop'

↰　　　☀–◐　　　✿ 5–9　　　≈　　　⚊

Eine reichblühende Schönwetterpflanze.
Wuchs: Locker polsterartig; leicht überhängende Triebe; Höhe 15 cm; feines, nadelartiges Laub.
Blüte: Schalenförmig; leuchtend zitronengelb; bei schlechter Witterung geschlossene Blüten.
Pflege: Regelmäßig gießen; Erde immer wieder abtrocknen lassen; nur niedrig dosiert düngen.
Verwendung: Begleitpflanze in Balkonkästen; Unterpflanzung von Hochstämmchen.

Strohblume
Helichrysum bracteatum

↑　　　☀　　　✿ 5–9　　　≈　　　⚊

Ein pflegeleichter Dauerblüher.
Wuchs: Aufrechte, breit wachsende Horste mit verzweigten Blütenständen; bis 35 cm.
Blüte: Blütenköpfchen aus papierartigen Blütenblättern; orange, zitronengelb, dottergelb.
Pflege: Gleichmäßig leicht feucht halten und regelmäßig düngen; Welkes ausputzen.
Verwendung: Guter Begleiter zu Studentenblumen und Elfenspiegel.

Sorten: 'Sundaze Lemon', zitronengelb mit sattgelber Mitte; 'Dazette Flame', goldorangefarbene Blüten, kompakter Wuchs; 'Dazette Gold' (Bild), goldgelbe Blüten, kompakter Wuchs.

Studentenblume
Tagetes erecta

↰↗　　　☀　　　✿ 6–9　　　≈　　　⚊

Eine pflegeleichte Sommerschönheit.
Wuchs: Kompakt buschig; wächst im Laufe des Sommers in die Breite, daher große Pflanzabstände berücksichtigen; bis 40 cm hoch.
Blüte: Pomponartig gefüllt; zum Teil so groß wie ein Tennisball; gelb, vanillefarben, orange.
Pflege: Regelmäßig gießen und düngen; welke Blütenstände entfernen.
Verwendung: Balkonkästen; Solitär im Kübel; passt gut zu Tomaten.

Zinnie

Zinnia angustifolia

☼ ✿ 6–9 ≈

Pflegeleichter Lückenfüller.
Wuchs: Dichtbuschig, aufrecht; an den Rändern leicht übergeneigt; Höhe 15–25 cm.
Blüte: Kleine Blütensterne in Orange oder Elfenbeinweiß.
Pflege: Regelmäßig gießen und düngen.
Verwendung: Fügt sich zwischen die Strukturbildner ein.

Sorten: 'Orange Star' kräftig; 'Crystal Orange' blass;' Profusion orange'-leuchtend, größere Blüten.

Wandelröschen

Lantana-Camara-Hybriden

☼–◑ ✿ 5–10 ≈

Ein kleiner Strauch mit enormer Blühkraft.
Wuchs: Buschig, verzweigt; Höhe 20–100 cm; auch als Hochstämmchen; raue, grüne Blätter.
Blüte: Kleine Einzelblüten in dichten, halbkugeligen Blütenständen am Triebende; gelb, orange-rot, weiß-gelb-rosa, reinweiß.
Pflege: Reichlich gießen; regelmäßig düngen; Verblühtes ausputzen; Spitzen ausknipsen, um die Verzweigung anzuregen.
Verwendung: Hochstamm im Kübel; zwischen Kräutern; mit Lavendel.

Zauberglöckchen

Calibrachoa »Superbells«-Serie

☼ ✿ 5–9 ≈

Blühfreudige Minipetunien.
Wuchs: Überhängend; dicht; Triebe bis zu 50 cm.
Blüte: Klein; trichterförmig gestreckt; gelb, orange, rot, lila, pink.
Pflege: Regelmäßig, sparsam gießen; ideal für regengeschützte Standorte; schwach dosiert düngen.
Verwendung: Besonders hübsch in Ampeln; als überhängende Elemente im Balkonkasten.

Sorten: 'Apricot Punch', orange mit dunkler Mitte; 'Orange', warmes Goldbronze; Unique 'Golden Yellow', sattes Gelb.

Die leuchtende Energie von Rot

Eine Farbe, die Temperament und Gefühl ausstrahlt, ist die Farbe der Liebe. Rot ist immer präsent und spielt sich daher vor allem optisch ganz schnell in den Vordergrund, so wie es sich für eine klassische Signalfarbe gehört.

Diese Farbe verlangt viel Fingerspitzengefühl im Umgang. Gerade auf einem kleinen Balkon sollte man mit roten Blüten nur Akzente setzen. Dabei empfiehlt es sich, den Blick in die Ferne nie durch Rottöne zu verdecken, sondern sie aus den Randbereichen und

Ecken hervorleuchten zu lassen. Die Kombination mit rot blühenden Balkonpflanzen lässt viele Möglichkeiten zu. Mit Blau und Gelb verbindet sich die Farbe des Feuers ebenso gut wie mit reinem Weiß.

Ein besonderes Augenmerk gilt den Blattfarben, wenn man rot blühende Sommerblüher verwendet. Bei grünen Blättern entsteht ein kraftvoller Kontrast, der sich etwas sanfter darstellt, wenn man auf rotlaubige Begleiter oder Pflanzen mit weiß bzw. gelb panaschiertem Blattwerk zurückgreift.

Der Pflanzenmix aus roten und weißen Blüten spiegelt sich auf diesem Balkon auch im gestreiften Stoffdessin des Stuhls und in den Accessoires auf dem Tablett wider.

Edellieschen
Impatiens-Neuguinea-Hybriden

  ✿ 5–9 ≈ ⚰

Eine großblumige Schönheit für den Schatten.
Wuchs: Aufrecht; buschig; reich verzweigt; mit großen, glänzend dunkelgrünen Blättern.
Blüte: Rundlich gespornt, Durchmesser bis 4 cm; weiß, rosa, rot, violett, auch zweifarbig mit Streifen auf den Blütenblättern.
Pflege: Gleichmäßig leicht feucht halten; mäßig düngen; welke Blüten ausknipsen, um die Knospenbildung anzuregen.
Hinweis: Edellieschen sind kälteempfindlich und dürfen erst Mitte bis Ende Mai ins Freie.

Sorten: Sunpatiens sind sonnenliebende Sorten der Edellieschen.

Eisbegonie
Begonia-Semperflorens-Hybriden

  ✿ 6–9 ≈ ⚰

Eine pflegeleichte Schattenschönheit.
Wuchs: Kleine kompakte Büsche mit glänzenden Blättern in Grün oder Rotbraun, wächst in die Breite; Höhe bis 15 cm.
Blüte: Kleine Blüten in Rot oder Rosa an Stielen über dem Laub.
Pflege: Regelmäßig mäßig gießen; schwach dosiert und selten düngen; welke Blüten ausknipsen.
Verwendung: Ideal in Kästen und Töpfen; hübsch zur Unterpflanzung von Hochstämmchen und immergrünen Gehölzen im Kübel.

Feuersalbei
Salvia splendens

 ☀ ✿ 6–9 ≈ ⚰

Ein beliebter Klassiker auf dem Sommerbalkon.
Wuchs: Buschig; kompakt.
Blüte: Rote Lippenblüten, die in kegelförmigen Trauben übereinanderstehen und lange blühen.
Pflege: Regelmäßig gießen; Staunässe vermeiden; schwach dosiert düngen; welke Blütenstände abschneiden.
Verwendung: Für sonnige, warme Balkone mit wind- und regengeschützten Standorten.

Fuchsie
Fuchsia-Hybriden

  ❀ 5–10

Eine vielseitige Schönheit für den Schatten.
Wuchs: Stehend oder hängend; reich verzweigt.
Blüte: Glockenförmig; länglich schmal bis kugelig rund; zweiteilig bestehend aus hochgeschlagenen Kelchblättern und einer fast geschlossenen Blütenkrone; in Rot, Rosa, Violett und Weiß; meist zweifarbig.
Pflege: Regelmäßig gießen; schwach dosiert düngen; Fruchtansätze regelmäßig entfernen.
Verwendung: Für Ampeln und Kästen.

Gauklerblume
Mimulus-Hybriden

  ❀ 6–9

Pflegeleichte, wüchsige Sommerblume.
Wuchs: Buschig; breit; niederliegende Triebe.
Blüte: Asymmetrische Rachenblüten, 2–3 cm lang, in dunklen Rottönen, Gelb und Orange.
Pflege: Regelmäßig gießen; gleichmäßig feucht halten; Rückschnitt fördert den Neuaustrieb.
Verwendung: Dezenter Begleiter im Kasten.
Hinweis: Eigene Aussaat leicht.

Sorten: 'Maximus Mixed', großblumig, Aussaat; 'Magic Yellow Flame', gelb mit orangeroten Pünktchen.

Geranie, Hängende
Pelargonium-Peltatum-Hybriden

 ☼ ❀ 5–9

Der klassische Dauerblüher für Südbalkone.
Wuchs: Überhängende Triebe, 30–50 cm lang; glänzende, dunkelgrüne Blätter; dicht buschig.
Blüte: Einzelblüten in lockeren Dolden, kräftige Stiele; leuchtendes Rot, Rosa, Weiß und Lachs.
Pflege: Regelmäßig gießen; Erde immer wieder abtrocknen lassen; Langzeitdünger deckt den Nährstoffbedarf, im Hochsommer gelegentlich Flüssigdünger ins Gießwasser geben.
Verwendung: Für Kästen und Ampeln; gerne als Solitär mit verschiedenen Blütenfarben.

Mickymaus-Pflanze

Cuphea llavea 'Tiny Mice'

🔱 ☼ ✿ 5–9 ≈ ⚰

Eine Neuheit mit kuriosen Blüten.

Wuchs: Dicht; buschig; aufrecht; Höhe 30–40 cm.

Blüte: Rotviolette Röhrenblüten mit zwei großen Kronblättern in Scharlachrot; ca. 3–4 cm lang.

Pflege: In leicht saures Substrat pflanzen (z. B. Kamelien- oder Azaleensubstrat); reichlich gießen; regelmäßig düngen; verträgt Rückschnitt.

Verwendung: Als Leitpflanze in nicht zu schmalen Kästen und für Ampeln.

Petunie

Petunia-Hybriden

🔱 ☼ ✿ 5–9 ≈ ⚰

Ein üppiger Blüher für leuchtende Farbakzente.

Wuchs: Aufrechte Triebe, außen leicht übergeneigt; bis 30 cm hoch; dunkelgrüne Blätter.

Blüte: Trichterförmig; dicht nebeneinander; auch gefüllt; in Pastelltönen; rot, pink, lila und weiß.

Pflege: Regelmäßig gießen und häufig düngen; bei gelben Blättern mit Eisenpräparat behandeln.

Verwendung: Für Kästen; gut zu kombinieren mit weißen und blauen Blüten.

Verbene

Verbena-Hybriden

↰ ☼ ✿ 5–9 ≈ ⚰

Eine überzeugende Begleitpflanze.

Wuchs: Breitbuschig aufrecht mit übergeneigten Randtrieben.

Blüte: Klein; rundlich; in doldenartigen Ähren an einem kräftigen Stiel; öffnet sich von der Mitte, während Verblühtes am Rand abfällt.

Pflege: Regelmäßig gießen; hoher Nährstoffbedarf, der mit Langzeitdünger gedeckt werden kann; Rückschnitt fördert den Neuaustrieb.

Verwendung: Zusammen mit aufrechten Pflanzen in Kästen; zur Unterpflanzung von Hochstämmchen.

Duftige Blumenwolken in Rosa und Lila

Kraftvoll und doch zärtlich präsentieren sich die beiden Farben, die sich in erster Linie durch ihren Anteil an Weiß unterscheiden. Sie verbreiten gute Laune und bringen Schwung in das sommerliche Farbenspiel. Die beiden Töne eignen sich sehr gut zum Kombinieren, wobei die Wirkung auf den verschiedenen Schattierungen beruht. Platziert man das helle Rosa im Hintergrund, verleiht es der Gestaltung den Eindruck von Weite. Das ist genau der Trick, wie Sie eine kleine Fläche aufwerten können.

Das Zusammenspiel von Rosa und Pink gelingt auch mit Lilatönen und klarem Blau. Im rhythmischen Wechsel entsteht so eine Farbgestaltung, die gerade für lang gestreckte Balkongeländer für Abwechslung sorgt – und dennoch eine stimmige Einheit bildet. Weiß-grüner oder silbriger Blattschmuck fügt sich gut dazwischen ein. Modern, aber nicht jedermanns Geschmack sind orangefarbene und gelbe Blüten als Begleiter. Wenn man die Akzente mit Bedacht und sparsam setzt, wirkt dies jedoch raffiniert.

Ein aufrechter, lilablauer Salbei setzt in der Kombination aus rosafarbenem Elfenspiegel, violettem Eisenkraut und lilafarbener Fächerblume einen kraftvollen Akzent.

Edellieschen

Impatiens-Neuguinea-Hybriden

⚜️ ◐–● ✿ 5–9 ≈ ⛬

Eine großblumige Schönheit.

Wuchs: Aufrecht; buschig; reich verzweigt; mit großen, glänzend dunkelgrünen Blättern.

Blüte: Rundlich gespornt; Durchmesser bis 4 cm; weiß, rosa, rot, violett; auch zweifarbig.

Pflege: Gleichmäßig leicht feucht halten; mäßig düngen; welke Blüten ausknipsen, um die Knospenbildung anzuregen.

Hinweis: Edellieschen sind kälteempfindlich und dürfen erst Mitte bis Ende Mai ins Freie.

Elfenspiegel

Nemesia-Hybriden

⚜️ ☼ ✿ 5–9 ≈ ⛬

Eine zarte Schönheit mit großer Wuchskraft.

Wuchs: Lockere Büsche, straff aufrecht.

Blüte: Gespornte Rachenblüten an aufrechten Blütenstielen; auch in Weiß, Gelb, Orange und Blau.

Pflege: Gelegentlich ausputzen; regelmäßig gießen und düngen; Staunässe vermeiden.

Verwendung: Hübsche Füllpflanze in Kästen; auch für Ampeln ideal.

Sorten: 'Karoo Pink', tiefrosa; 'Sunsatia Cassis', pinkfarben.

Elfensporn

Diascia-Hybriden

⚜️ ☼–◐ ✿ 5–9 ≈ ⛬

Blühfreudiger und pflegeleichter Newcomer.

Wuchs: Buschige Polster mit überhängenden Trieben; 20–30 cm hoch.

Blüte: Rachenförmig; in endständigen Trauben; in verschiedenen Rosatönen und Korallenrot.

Pflege: Leicht saures Substrat; mäßig düngen und gießen; Staunässe vermeiden; Rückschnitt möglich, wenn die Blühfreudigkeit nachlässt.

Verwendung: Hanging Baskets; zu Schleierkraut.

Sorten: 'Breezee Plus Appleblossom', apfelblütenrosa; 'Little Charmer', rosa bis pinkfarben.

Geranie, Stehende
Pelargonium-Zonale-Hybriden

↑   ☼   ✿ 5–9   ≈   û

Der Klassiker für den Topfgarten.
Wuchs: Kompakt buschig; aufrecht; lang gestielte große Blätter, Höhe bis 30 cm.
Blüte: Große, rundliche Dolden auf einem kräftigen Stiel; weiß, rosa, rot; zum Teil durch Äderungen und Zeichnungen zweifarbig.
Pflege: Mäßig gießen; Erde abtrocknen lassen; regelmäßig düngen; Verblühtes ausbrechen.
Verwendung: Leitpflanze; auch als Hochstamm oder Busch.

Großblumiges Blaues Gänseblümchen
Brachyscome-Hybride 'Surdaisy Pink'

↖↑   ☼   ✿ 6–10   ≈   ⚱

Unkomplizierter Dauerblüher.
Wuchs: Buschig, dicht, mit leicht überhängenden Trieben.
Blüte: Kräftiges Himbeerrosa, das sich von den rötlichen Blättern gut abhebt.
Pflege: Regelmäßig gießen; hin und wieder düngen.
Verwendung: Als Unterpflanzung von Kübelpflanzen, an die Ränder von Kästen, in Ampeln; passt gut zu der rot blühenden Erdbeere und rosafarbenem Elfenspiegel.

Köcherblümchen
Cuphea hyssopifolia

↑   ☼–◐   ✿ 5–9   ≈   ⚱

Wenig bekannter, aber unermüdlicher Blüher.
Wuchs: Aufrecht; buschig; fächerförmig verzweigt; bis 60 cm hoch.
Blüte: Kleine Sternchen, die aus den Blattachseln wachsen; rosa, pink, weiß.
Pflege: Regelmäßig gießen und düngen; welke Blüten werden abgeworfen.
Verwendung: Hübscher Begleiter zu großblumigen rosa- und pinkfarbenen Blüten.

Sorten: 'Pink', leuchtend rosa; 'Lila', purpurfarbene Blüten, dicht im Wuchs.

Mädchenauge
Coreopsis-Hybride

 ☀ ❀ 6–10 ≈ ⚱

Eine bezaubernde Seltenheit.
Wuchs: Locker buschig; 40 cm hoch; bis 60 cm breit.
Blüte: Margeritenartig, 3 bis 4 cm Durchmesser, dicht über das Laub verteilt; gelb, orange, rot, pink, weinrot, zum Teil zweifarbig.
Pflege: Lockere Erde mit gutem Wasserspeicher; gleichmäßig feucht halten, auf dem ersten Blühhöhepunkt mit Flüssigdünger das Wachstum und die Knospenbildung unterstützen.
Verwendung: Für Einzeltöpfe, als Unterpflanzung von Hochstämmchen, in Kombination mit wuchsstarken, sonnenliebenden Balkonpflanzen wie Eisenkraut, Zauberglöckchen und Petunien.

Phlox, Sommer-
Phlox drummondii

 ☀–◐ ❀ 5–9 ≈ ⚱

Blühfreudige Sommerschönheiten.
Wuchs: Buschig; ausladend; kräftig verzweigt; halbkugeliger Wuchs; 40–50 cm hoch.
Blüte: Rundlich; flach geöffnet; dicht nebeneinander über dem Laub; rosa, magentafarben, weiß.
Pflege: Regelmäßig gießen und düngen.
Verwendung: Blütenreiche Begleitpflanze; passt zu Elfensporn und Rosen; in kleinen Gefäßen als Solitär.

Präriekerze
Gaura lindheimeri

↑ ☀–◐ ❀ 5–9 ≈ ü

Pflegeleichte Staude, die duftig wirkt.
Wuchs: Aufrechte Horste mit lockerem Wuchs; bis 50 cm hoch; Stiele rötlich gefärbt.
Blüte: 2–3 cm große Einzelblüten mit lockeren Blütenblättern an langen, endständigen Rispen; rosafarben, weiß.
Pflege: Regelmäßig gießen und gelegentlich düngen; Verblühtes wegschneiden, wenn es stört.
Verwendung: Hübsche Hintergrundpflanze; Strukturbildner für Kästen.

Sorte: 'Lillipop Pink', dunkelrosa; 'Snowbird', weiß, kurztriebig.

Topf-Nelke
Dianthus-Hybride

⚐ ☼ ✿ 5–9 ≈ ü

Duftende Schmuckstücke auch für kleine Gefäße.
Wuchs: Flache Polster mit festen schmalen Blättern.
Blüte: Gestielt, flach geöffnete Scheibe in verschiedenen Pink- und Rosatönen, duftend, lange Blütezeit.
Pflege: Durchlässiges Substrat; Staunässe vermeiden; Düngergaben nur zu Beginn der Saison erforderlich. Überwinterung möglich, wenn die Pflanzen nicht zu nass stehen.
Verwendung: Zu Margeriten und kleinen Rosen; in flachen Schalen; als »Bodenbedecker« zwischen höheren Balkonpflanzen.

Sorten: 'Pink Kisses', hellrosa mit dunklem Auge, lange Blütezeit. 'Wild Berry', Bordeauxrote mit rosafarbenem Rand und Sprenkeln; 'Lavender + Eye', rosa gefüllt mit kleinem Auge, gefranste Blütenblätter.

Spinnenblume
Cleome spinosa 'Senorita Rosalita'

↑ ☼ ✿ 5–9 ≈ ⚐

Die Miniatur der beliebten Sommerblume.
Wuchs: Aufrechte, buschige Horste mit dunklen Trieben und fingerförmigem Laub; 50–60 cm hoch.
Blüte: Kugelige Blütenstände, die nach oben auswachsen; Einzelblüten mit gespreizten Schaublättern, die den Vergleich mit Spinnenbeinen nahelegen.
Pflege: Regelmäßig gießen und düngen.
Verwendung: Ideal als Solitär im großen Topf.

Strauchmargerite, Rosa
Argyranthemum frutescens

⚐ ☼–◑ ✿ 4–10 ≈ û

Topfpflanze mit lieblichem Charme.
Wuchs: Dichte Büsche mit fein zerteiltem Laub, Höhe zwischen 20 und 80 cm.
Blüte: Klassische Margeritenblüten mit rosafarbenen Zungenblüten und gelber Mitte; zahlreiche Sorten mit gefüllten Blüten; auch in Weiß.
Pflege: Regelmäßig gießen und düngen; welke Blüten ausputzen.
Verwendung: Für Kästen und in Kübeln als Solitär.

Surfinia, Hängepetunie

Petunia-Hybriden

↶ ☀–◑ ✿ 5–9 ≈ ⚷

Der Inbegriff sommerlicher Blütenfülle.

Wuchs: Buschig überhängend; Triebe zum Ende des Sommers bis zu 80 cm lang.

Blüte: Trichterförmig; weit geöffnet; rosa, pink, gelb, weiß, fliederfarben.

Pflege: Leicht saures Substrat verwenden; regelmäßig gießen; kräftig düngen.

Verwendung: Für Kästen und Ampeln in farblich abgestimmten Kombinationen mit Fächerblumen, Goldzweizahn und Verbenen.

Verbene

Verbena-Hybriden

↶ ☀ ✿ 5–9 ≈ ⚷

Ein blühfreudiger Sonnenanbeter.

Wuchs: Breitbuschig aufrecht bis übergeneigt.

Blüte: Klein; rundlich; in doldenartigen Ähren an einem kräftigen Stiel.

Pflege: Regelmäßig gießen; hoher Nährstoffbedarf, der mit Langzeitdünger gedeckt werden kann; Rückschnitt fördert den Neuaustrieb.

Verwendung: Lückenfüller in Kästen und größeren Kübeln.

Hinweis: Schlechtes Wetter fördert Mehltau.

Ziertabak

Nicotiana × *sanderae*

↑ ☀–◑ ✿ 6–9 ≈ ⚷

Reichblühende Schönheit für den Hochsommer.

Wuchs: Dichtbuschig; mäßig verzweigt; aufrecht.

Blüte: Sternförmige Röhrenblüten in dichten Trauben über dem Blattwerk; rosa, rot, bordeauxrot, weiß, grünlich gelb.

Pflege: Regelmäßig gießen; hoher Nährstoffbedarf; welke Blüten ausknipsen.

Verwendung: Ideale Ergänzung zu überhängenden Pflanzen im großen Kasten.

Sorten: 'Zartrosa Gnom', niedrig, hellrosa; 'Havana Apfelblüte', rosaweiß, mittelhoch.

Sommerträume in Blau und Violett

Auf der Suche nach beruhigenden Farben kommt man an Blau nicht vorbei. Die Farbe geht in die Tiefe, vor allem, wenn es sich um den königlichen Blauton handelt, der keine Rottöne enthält. Während sich Blau im Garten rar macht, findet man doch eine ganze Reihe von Balkonblumen, die diese Farbe in ihren Blüten tragen. Blau wirkt kühl. Diese Kühle wird aber nie als unangenehme Kälte empfunden.

Darüber hinaus kann man mit ein paar Tupfern Gelb oder Orange dafür sorgen, dass die Atmosphäre leicht angeheizt wird. Gerade in schattigen Bereichen sollte man auf diesen Kunstgriff nicht verzichten, da die Wärme der Sonnenstrahlen ohnehin fehlt.

Durch einen Rotanteil im Blau werden die Farben wärmer und auch lieblicher. Lila und Violett bringen eine romantische und emotionale Note in die Pflanzung. Die Töne heben sich allerdings nicht so gut vom Grün der Blätter ab. Dann mischen Sie einfach Begleiter mit grauem Laub als dezente Aufheller dazwischen.

Petunien sind ideale Ampelpflanzen, die die lilablaue Wirkung von Salbei und Männertreu unterstreichen.

Blaue Mauritius

Convolvulus sabatius

↰ ☼ ✿ 5–9 ≈ ⚘

Eine pflegeleichte Ampelpflanze.

Wuchs: Buschig überhängende Triebe, die bis zu 1 m lang werden; kaum höher als 20 cm.

Blüte: Trichterförmige, flache Blüten wie eine Winde; zart fliederfarben; am Abend schließen sich die Blüten.

Pflege: Regelmäßig gießen und düngen; anhaltende Feuchtigkeit fördert Pilzkrankheiten.

Verwendung: Für gemischte Ampeln, Blumenkästen und als Unterpflanzung von Hochstämmchen.

Blaues Gänseblümchen

Brachyscome multifida

↰ ☼–◑ ✿ 5–9 ≈ ⚘

Eine wüchsige, blühfreudige Polsterpflanze.

Wuchs: Kompakte Polster; auch überhängend.

Blüte: Kleine Margeritenblüten, feine lila- oder rosafarbene Zungenblüten, gelbe Mitte.

Pflege: Leicht saure Erde (z. B. Kamelien- oder Azaleensubstrat) verwenden; regelmäßig gießen und düngen; kalkhaltiges Gießwasser vermeiden; bei gelben Blattspitzen mit Eisen düngen.

Verwendung: Ampeln; Kästen; unter Hochstämmchen.

Blaumäulchen

Torenia-Hybriden

↰ ☼ ✿ 5–9 ≈ ⚘

Eine pflegeleichte Hängepflanze.

Wuchs: Überhängend mit etwa 30 cm langen Trieben; dicht buschig.

Blüte: Blaue oder violette 3–4 cm lange Rachenblüten.

Pflege: Sonnig warm und geschützt aufstellen; regelmäßig gießen; Dünger mit hohem Anteil an Spurenelementen verwenden.

Verwendung: Für Ampeln und Kästen.

Sorten: 'Summer Wave Large Violett', tief violett; 'Summer Wave Large Blue', blau.

Fächerblume

Scaevola saligna

↰   ☼   ✿ 5–9   ≈   ⚥

Eine wüchsige und pflegeleichte Ampelpflanze.
Wuchs: Kräftige, 40–70 cm lange Triebe, übergeneigt abstehend.
Blüte: Fächerförmig abstehende Blütenblätter; Blüten stehen dicht nebeneinander an den Triebenden, in Weiß und Violett.
Pflege: In leicht saure Erde pflanzen; regelmäßig gießen und düngen; Staunässe vermeiden.
Verwendung: Blumenkästen, Ampeln.

Sorten: 'Saphira' (Bild), dunkellila; 'New Wonder', kompakt, blau.

Gauchheil, Leinblättriger

Anagallis monellii

↰↑   ☼–◐   ✿ 6–9   ≈   ⚥

Das »blaue Wunder« unter den Balkonpflanzen.
Wuchs: Kompakte Büsche mit überhängenden, bis zu 20 cm langen Trieben.
Blüte: Rundliche Blüten an den Triebspitzen in leuchtendem Enzianblau.
Pflege: Windgeschützter Standort; regelmäßig gießen und düngen; Staunässe und Austrocknen unbedingt vermeiden; Rückschnitt möglich.
Verwendung: Ampel; Wandgefäß; zu rosafarbenen Balkonblumen.

Harfenstrauch

Plectranthus parviflorus 'Blue Spires'

↑   ☼–◐   ✿ 6–9   ≈   ⚥

Eine Strukturpflanze mit ungeahnter Blüte.
Wuchs: Buschig, aufrecht, ca. 50 cm hoch; weißbuntes Laub.
Blüte: Lange Blütenrispen mit kleinen wasserblauen Einzelblüten über dem Laub.
Pflege: Erde durch regelmäßiges Gießen immer leicht feucht halten; wöchentlich düngen; durch Rückschnitt werden die Büsche kompakter.
Verwendung: Pflegeleichte Solitärpflanzen für Kübel; in Ampeln oder als Strukturpflanzen zwischen kräftig wachsenden Balkonpflanzen in großen Kästen.

Kapaster
Felicia amelloides

↑ ☀ ✿ 6–9 ≈ ♨

Eine blütenreiche Schönheit.
Wuchs: Dichte, kompakte Horste aus Blättern, 5–10 cm hoch;
Blütenstiele bis 25 cm hoch.
Blüte: Blauviolette Strahlenblüten um gelbe Mitte; Durch-
messer Einzelblüte bis 3 cm.
Pflege: Leicht saure Erde (z.B. Kamelien- oder Azaleen-
substrat) verwenden; Wurzeln gleichmäßig leicht feucht
halten; Verblühtes ausputzen.
Verwendung: Aufrechter Lückenfüller zwischen über-
hängenden Pflanzen im Kasten.

Laurentie
Laurentia fluviatilis

↶↑↗ ☀-◑ ✿ 5–9 ≈ ♨

Eine pflegeleichte, wüchsige Neuheit.
Wuchs: Locker buschige Kissen, die den ganzen Sommer
wachsen; Triebe hängen über.
Blüte: Wasserblaue, sternförmige Blüten, die über das Blatt-
kissen verteilt sind.
Pflege: Regelmäßig gießen und düngen; im Schatten nimmt
die Blühfreudigkeit ab.
Verwendung: Solitär in Ampeln; zur Auflockerung zwischen
kompakten Büschen.
Hinweis: Vor Schnecken schützen!

Leberbalsam
Ageratum houstonianum

↶↑↗ ☀ ✿ 6–9 ≈ ♨

Ein beliebter Klassiker unter den Balkonpflanzen.
Wuchs: Breitbuschig mit an den Rändern leicht übergeneig-
ten Trieben; 10–25 cm hoch; höhere Sorten eignen sich für
Beetbepflanzungen.
Blüte: Schirmförmige Trugdolden, die sich aus quasten-
ähnlichen Einzelblüten zusammensetzen; rosa, lila, weiß.
Pflege: Regelmäßig gießen; Staunässe vermeiden; regel-
mäßig düngen; Verblühtes abschneiden.
Verwendung: Für Kästen zu hängenden und aufrecht wach-
senden Pflanzen; zu Rosen.

Männertreu
Lobelia erinus

 ☀–◐ ❀ 5–9 ≈ ⚓

Der Inbegriff der blauen Balkonblume.
Wuchs: Kompakte Polster; bis 15 cm hoch; hängende Triebe bis 25 cm Länge bei Hängelobelien.
Blüte: Kleine Einzelblüten, die dicht an den Trieben sitzen; in verschiedenen Blautönen sowie in Lila, Rosa und Weiß.
Pflege: Regelmäßig gießen und schwach dosiert düngen; Ende Juli kräftig zurückschneiden.
Verwendung: Als Randbepflanzung in Kästen und als Unterpflanzung von Hochstämmchen.

Mehlsalbei
Salvia farinacea

↑ ☀–◐ ❀ 6–9 ≈ ⚓

Eine blühfreudige Sommerschönheit.
Wuchs: Aufrechte Horste, reich verzweigt mit mehlig weißen Stängeln; Höhe 30–60 cm.
Blüte: Dichte Ähren mit Lippenblüten, die über dem Blattwerk stehen; in Blautönen und Weiß.
Pflege: Regelmäßig gut mit Wasser und Nährstoffen versorgen; Abgeblühtes abschneiden.
Verwendung: Leitpflanze im großen Kasten; Solitär im Kübel; Blickfang mit natürlicher Wirkung zwischen Naschgemüse.

Sorte: 'Victoria', dunkelblau, reichblühend.

Nierembergie, Becherblume
Nierembergia hippomanica var. *violacea*

↖↗ ☀–◐ ❀ 5–9 ≈ ⚓

Zierliche, unkomplizierte Begleitpflanze.
Wuchs: Kleine Polster aus übergeneigten Trieben mit filigranem, frischgrünem Laub; Höhe 15 bis 25 cm.
Blüte: Becherförmig; dicht über das Polster verteilt; lila mit gelber Mitte.
Pflege: Regelmäßig gießen und düngen; Erde sollte immer leicht feucht sein.
Verwendung: Hübsch als Unterpflanzung für Hochstämmchen; für Hanging Baskets.

Petunie, Hängende
Petunia-Hybriden

↶   ☀–◐   ✿ 5–9   ≈   ⚒

Eine wüchsige, pflegeleichte Balkonpflanze.
Wuchs: Übergeneigte, bis über 60 cm lange Triebe mit dunkelgrünen Blättern.
Blüte: Trichterförmige Blüten; auch gefüllt; in Pastelltönen, Rot, Pink, Lila und Weiß.
Pflege: Saure Erde verwenden; regelmäßig gießen und häufig düngen; bei gelben Blättern mit Eisenpräparat behandeln.
Verwendung: Für Ampeln und Kästen mit ähnlich kräftig wachsenden Pflanzen wie Goldzweizahn.

Vanilleblume
Heliotropium arborescens

↰↗   ☀   ✿ 6–9   ≈   û

Fein duftende Balkonpflanze.
Wuchs: Buschig; aufrecht; runzelig, dunkelgrünes Laub; Höhe zwischen 20 und 40 cm.
Blüte: Flache Trugdolde aus stecknadelkopfgroßen Einzelblüten; helllila bis tiefdunkelblau.
Pflege: Regelmäßig gießen und düngen; Verblühtes abschneiden.
Verwendung: Für Kästen; zwischen Rosen.

Sorten: 'Incense', dunkle Blätter, lila Blüten; 'Marine', besonders dunkelblaue Blüten.

Verbene
Verbena-Tapien-Hybriden

↶   ☀   ✿ 5–9   ≈   ⚒

Eine hervorragende Form der Hängeverbenen.
Wuchs: Breit und flach; leicht überhängend.
Blüte: Klein; rundlich; in doldenartigen Ähren an einem kräftigen Stiel.
Pflege: Regelmäßig gießen; hoher Nährstoffbedarf, der mit Langzeitdünger gedeckt werden kann; Rückschnitt fördert den Neuaustrieb.
Verwendung: Lückenfüller in Kästen und Kübeln.
Hinweis: Schlechtes Wetter fördert Mehltau.

Sorten: 'Tapien Blue' (Bild), blauviolett; 'Tapien Violet Improved', violett.

Erfrischende Eleganz in klarem Weiß

Ein sonniger Balkon braucht Abkühlung, der schattige dagegen Licht. In beiden Fällen helfen Balkonblumen mit weißen Blüten weiter. Großblumige Arten sind kraftvoll und verbreiten eleganten Charme, während sich die kleinblütigen Pflanzen wie ein zarter Schleier zwischen andere kräftige Farben legen, sodass deren Wirkung leicht gedämpft wird.

Bei nicht überdachten Balkonen muss man berücksichtigen, dass vor allem bei manchen großblumigen Arten deren nasse Blüten leicht braun und damit unansehnlich werden. Hier sind kleinblumige Formen optisch weniger problematisch, da schneller neue Blüten nachwachsen. Darüber hinaus bringen die weißen Blüten häufig eine besondere Eigenschaft mit, die allerdings nicht die Augen anspricht, sondern die Nase: Sie duften oft. Diese Eigenschaft sollte bei der Platzierung berücksichtigt werden, damit das Parfüm angenehm, aber nicht lästig ist. Die edle Wirkung von weißen Blüten wird durch die Kombination mit graulaubigen Begleitpflanzen noch verstärkt.

Die massige Wirkung gefüllter und ungefüllter Margeriten wird durch das duftige weiße Männertreu aufgelockert.

Duftsteinrich
Lobularia maritima

Eine überschäumende Duftwolke.

Wuchs: Kleine kompakte Kissen, die in die Breite wachsen; Höhe bis 15 cm.

Blüte: Winzige Einzelblüten in langen Trauben über dem Blattwerk; rosa, violett, weiß.

Pflege: Mäßig gießen und düngen; Rückschnitt im Hochsommer.

Verwendung: Randbepflanzung im Kasten, Unterpflanzung von Hochstämmchen; ideal für sehr flache Gefäße.

Sorten: 'Snow White', weiß, kompakt; 'Snow Princess'; weiß, locker buschig; 'Princess in Purple', violett, überhängend; 'Primavera Princess', hellgelb gesäumtes Laub, weiß blühend.

Elfenspiegel
Nemesia-Karoo-Hybriden

Eine romantische Schönheit mit zartem Parfüm.

Wuchs: Lockere Büsche mit aufrechtem Wuchs, bisweilen hängen die Triebe leicht über; Höhe bis 20 cm.

Blüte: Gespornte Rachenblüten an aufrechten Rispen; weiß, violett, rosa.

Pflege: Regelmäßig gießen und düngen; gelegentlich ausputzen; Staunässe vermeiden.

Verwendung: Hübsche Füllpflanze in Kästen; auch für Ampeln; gut geeignet für Amphoren.

Sorte: 'Karoo White', weiß, früh blühend, intensiv duftend.

Euphorbie 'Diamond Frost'
Euphorbia hypericifolia

Eine hitverdächtige, pflegeleichte Neuheit.

Wuchs: Breitbuschig; aufrecht reich verzweigt.

Blüte: Kleine weiße Blüten, zahlreich und locker über die Triebe verteilt, sodass die Pflanzen wie Wolken aussehen.

Pflege: Regelmäßig gießen; keine Staunässe; regelmäßig düngen; bei schlechter Versorgung klein bleibend; verträgt kurzzeitige Trockenheit.

Verwendung: Zur Auflockerung zwischen großblumige Pflanzen in Kästen und Kübeln.

Sorte: 'Diamond Ice', gedrungener im Wuchs.

Fächerblume
Scaevola saligna

↰ ☼ ❀ 5–9 ≈ Ӝ

Die weiße Form der pflegeleichten Ampelpflanze.
Wuchs: Kräftige, 40–70 cm lange Triebe; leicht übergeneigt abstehend.
Blüte: Fächerförmig abstehende Blütenblätter; Blüten dicht nebeneinander an den Triebenden; in Weiß und Violett.
Pflege: In leicht saure Erde pflanzen; regelmäßig gießen und düngen; Staunässe vermeiden.
Verwendung: Passt gut zu Goldzweizahn.

Sorte: 'White Wonder', weiß.

Geranie, Stehende
Pelargonium-Zonale-Hybriden

↑ ☼ ❀ 5–9 ≈ û

Robuste, trockenheitsverträgliche Schönheit.
Wuchs: Aufrecht buschig; Blätter mit dunkler, halbrunder Musterung; 25–45 cm hoch.
Blüte: Rundliche Blüten in halbkugeligen Dolden auf festen Stielen; weiß, lachsfarben, rosa, pink, verschiedene Rottöne.
Pflege: Regelmäßig gießen; Erde immer wieder abtrocknen lassen; gute Nährstoffversorgung; abgeblühte Blütenstände abschneiden.
Verwendung: Leitpflanze in Kästen.

Kapkörbchen
Osteospermum-Hybriden

↑ ☼ ❀ 5–9 ≈ Ӝ

Ein Sonnenanbeter mit natürlichem Charme.
Wuchs: Dichte Blattbüsche, über denen die Blüten stehen; 20–35 cm hoch.
Blüte: Margeritenförmig; groß; Zungenblüten weiß, hellgelb, orange, pink; zum Teil auch zu Röhren verwachsen; Mitte meist schwarzblau; einzeln auf kräftigen Stielen.
Pflege: Regelmäßig schwach gießen; regelmäßig düngen; Verblühtes entfernen.
Verwendung: Für Kästen und Kübel in der vollen Sonne; ideal für heiße Standorte.

Knollenbegonie

Begonia-Tuberhybrida-Gruppe

↰   ◐–●   ✿ 6–9   ≈   û

Prachtvoller Klassiker für schattige Plätze.

Wuchs: Breit buschig; Triebe fallen leicht auseinander und hängen über; 30–45 cm hoch.

Blüte: Rundliche, große Blüten mit substanzreichen Blütenblättern; zum Teil gefüllt; in Weiß, Rot, Rosa, Orange, Gelb.

Pflege: Gleichmäßig feucht halten; Nässe auf den Blättern vermeiden; schwach düngen; Welkes ausputzen.

Verwendung: In Ampeln, Kästen und Kübeln.

Kosmee, Schmuckkörbchen

Cosmos bipinnatus

↑   ☼–◐   ✿ 6–9   ≈   ⚥

Eine gute Bekannte aus dem Ziergarten.

Wuchs: Buschig aufrecht; 40–70 cm hoch.

Blüte: Große, weiße, rosa- oder pinkfarbene Blüten, margeritenförmig; Durchmesser ca. 5–8 cm.

Pflege: Gleichmäßig feucht halten; keine Staunässe; mäßig düngen; welke Blüten mit einer spitzen Schere herausschneiden.

Verwendung: Einzeln in großen Kübeln.

Sorten: 'Gazebo Mixed', bis 60 cm; 'Sonata-Serie' (Bild), kompakt, bis 50 cm; beide Farbmischungen aus Samen anziehen.

Nachtschatten, Kletternder

Solanum jasminoides 'Alba'

↰/↑   ☼–◐   ✿ 5–10   ≈   û

Hübscher Blickfang, der wenig Arbeit macht.

Wuchs: Locker; breitbuschig; lange Triebe, die überhängen oder an Rankgerüsten festgebunden werden können.

Blüte: Sternförmig, weiß mit auffälliger gelber Mitte; in Büscheln.

Pflege: Regelmäßig gießen und düngen; zur Überwinterung im August die Nährstoffgaben einstellen; Rückschnitt möglich.

Verwendung: Für Ampeln und Kästen; auch als Säule vor einer Wand.

Schleierkraut
Gypsophila-Hybride 'Festival Star'

🌱   ☼   ✿ 6–9   ≈   ü

Zarter Begleiter für duftige Kombinationen.
Wuchs: Kleine polsterförmige Büsche; Höhe zwischen 15 und 30 cm; reich verzweigt.
Blüte: Winzig kleine Blüten, locker verteilt.
Pflege: Regelmäßig gießen; Erde darf gelegentlich abtrocknen; sparsam düngen; Rückschnitt fördert den Neuaustrieb.
Verwendung: Als Begleiter zwischen halbhohen Sommerblumen und zur Auflockerung von kompakten Ampelbepflanzungen.

Schneeflockenblume
Sutera cordata

🌱   ☼–●   ✿ 5–10   ≈   ü

Ein anspruchsloser Dauerblüher.
Wuchs: Flache, überhängende Polster mit rundlichen frischgrünen Blättern; 10–15 cm hoch; Länge der Triebe bis 50 cm.
Blüte: Runde Einzelblüten zwischen den Blättern; weiß, rosa und fliederfarben.
Pflege: Regelmäßig gießen; verträgt kurzzeitige Trockenheit; regelmäßig düngen.
Verwendung: Für die Ränder von Balkonkästen.
Hinweis: Im Schatten meist weniger Blüten.

Sorten: 'Snowflake', weiß, robust; 'Big White' (Bild), großblümig.

Spanisches Gänseblümchen
Erigeron karvinskianus

🌱   ☼–◐   ✿ 5–9   ≈   ü

Robuste Hängepflanze mit südlichem Charme.
Wuchs: Überhängende, lange Triebe; reich verzweigt; 20–30 cm hoch.
Blüte: Gänseblümchen-ähnliche Blüten, die sich im Verblühen von Weiß nach Rosa bis Rot färben.
Pflege: Mäßig gießen; nur wenig düngen; Rückschnitt fördert den Neuaustrieb.
Verwendung: Für Hanging Baskets, in Ampeln und als lockerer Begleiter in Kastenkombinationen.

Strauchmargerite
Argyranthemum frutescens

 ☼–◐ ❀ 4–10 ≈ û

Elegante Schönheit für den zeitigen Saisonstart.
Wuchs: Dichte Büsche mit fein zerteiltem Laub; Höhe
zwischen 20 und 80 cm.
Blüte: Klassische Margeritenblüten mit weißen Zungen-
blüten und gelber Mitte; zahlreiche Sorten mit gefüllten
Blüten; auch in Rosa und Pink.
Pflege: Regelmäßig gießen und düngen; welke Blüten
ausputzen.
Verwendung: Für Kästen; in Kübeln als Solitär.

Verbene
Verbena-Temari-Hybriden

↰ ☼–◐ ❀ 5–9 ≈ ⚥

Robuste, großblumige Form der Verbene.
Wuchs: Locker verzweigte Büsche, die überhängen; Höhe
15 cm; Triebe bis zu 60 cm lang.
Blüte: Rundlich, in doldenartigen Ähren an einem kräftigen,
kurzen Stiel; große Einzelblüten auch in Violett.
Pflege: Regelmäßig gießen; hoher Nährstoffbedarf, der mit
Langzeitdünger gedeckt werden kann; Rückschnitt fördert den
Neuaustrieb.
Verwendung: Für Ampeln und Blumenkästen.

Sorten: 'Temari Peaches and Creme', pfirsichfarben, nach außen weiß;
'Temari White' (Bild), reinweiß.

Zinnie
Zinnia angustifolia

 ☼ ❀ 6–9 ≈ ⚥

Elegante Erscheinung für den Hochsommer.
Wuchs: Dichtbuschig; aufrecht; an den Rändern leicht über-
geneigt; Höhe 15–25 cm.
Blüte: Kleine Blütensterne, die ab der Sommermitte dicht
stehen; auch in Orange und Rot.
Pflege: Regelmäßig gießen und düngen.
Verwendung: Hübscher Lückenfüller; elfenbeinweiße Sorte
passt zu goldgelben Kombinationen.

Sorte: 'Star White', elfenbeinweiß.

Begleitpflanzen

Das feine Spiel mit Strukturen

Während Blüten immer wieder neu heranwachsen müssen, erweist sich das Laub als ein konstanter Schmuckfaktor, der zum einen durch die Farbe und zum anderen durch seine Textur die Gestaltungen in Balkonkästen, Hängeampeln und größeren Kübeln beeinflusst. So entsteht ein dekorativer Rahmen für die blühenden Pflanzen, der eine Blühpause geschickt überspielt und die Schönheit der Blüten raffiniert unterstreicht. Dabei spielen sich diese Pflanzen aber kaum in den Vordergrund.

Farblich gibt es mehrere Varianten für Blattschmuck-pflanzen. Im Gegensatz zu auffälligen und extravaganten Grüntönen bringen silbriges Laub und rötliche Blatt-färbungen die Blütenkombinationen gut zur Geltung. Helles Grau deutet meist auf gute Verträglichkeit für direkte und heiße Sonneneinstrahlung hin. In der Kombi-nation mit kräftigen Tönen wirkt die Farbe abmildernd, während pastellfarbene Blüten von einer zarten Wolke eingehüllt werden. Weiße und gelbe Blattzeichnungen bringen Helligkeit in schattige Bereiche.

Der Blattschmuck aus rotem Salbei, silberblättriger Artemisie und der Taubnessel 'Hermanns Pride' rahmt Besenheide und Enzian in der Ampel ein.

Colakraut

Artemisia abrotanum var. *maritima*

ᴧ↗   ☼   ✿ 7–10   ≈   ü

Mehrjähriger Blattschmuck mit Duft.
Wuchs: Breitbuschiger Halbstrauch mit gefiederten, grau-grünen Blättchen, nimmt viel Platz ein.
Blüte: Blassgelbe Blütenköpfchen, eher unscheinbar.
Pflege: Regelmäßiger Rückschnitt, mäßig gießen, nur im Frühling ein- bis zweimal düngen.
Verwendung: Für mediterrane Kräuterkübel zusammen mit Salbei, Rosmarin und Thymian.

Zier-Chili

Capsicum annuum

↑   ☼   ✿ 5–8   ≈   ⚮

Fruchtschmuck mit Farbenspiel.
Wuchs: Buschig, hoch, bis 50 cm.
Blätter: Je nach Sorte sattgrün bis purpur.
Früchte: Länglich; glänzend; Farbe im Reifeprozess verändernd.
Pflege: Regelmäßig gießen und mit Langzeitdünger versorgen.
Verwendung: Zu violetten Blüten; zwischen Kräutern im Kasten; passt zu Pflanzen mit langer Blütezeit wie Blaue Mauritius, Geranien und Kapkörbchen. Auch für Herbstpflanzungen.

Sorten: 'Medusa': Früchte elfenbein später, rotorange. 'Masquerade', mehrfarbig von Violett bis Orange und Rot; 'Purple Flash', purpurfarbenes Laub mit hellen Flecken, schwarze Früchte.

Gundermann

Glechoma hederacea 'Variegata'

↶   ◐–●   ✿ –   ≈   ⚮

Pflegeleichte, imposante Hängepflanze.
Wuchs: Aus Kästen und Ampeln heraushängende, bis zu 2 m lange Triebe; in der Natur mattenartig wachsend.
Blätter: Rundlich mit gezahntem Rand; weiße Zeichnung unregelmäßig von außen nach innen.
Pflege: Regelmäßig gießen und düngen; stehendes Wasser hinterlässt in der Sonne braune Flecken auf den Blättern.
Verwendung: Für Ampeln und Außenkästen.

Iresine
Iresine lindenii

↑ ☀–◐ ✿ – ≈ ⅱ

Wüchsige, dunkelrote Schönheit.
Wuchs: Aufrecht, mehrtriebig; bis 45 cm hoch.
Blätter: Länglich rund mit ausgeprägter Spitze; dunkelrot glänzend; Aderung meist auffällig.
Pflege: Regelmäßig gießen; Ballentrockenheit unbedingt vermeiden; Triebspitzen ausknipsen.
Verwendung: Passt zu roten und pinkfarbenen Blüten von Geranien, Petunien und Verbenen.

Sorte/Art: 'Bailly' dunkelrote Blätter mit hellroter Aderung. *Iresine herbstii* hat kleinere, rundliche Blätter.

Lakritzkraut
Helichrysum petiolare

↶ ☀ ✿ – ≈ ⅱ

Pflegeleichter, graulaubiger Klassiker.
Wuchs: Breitbuschig; dicht; aufrechte bis überhängende Triebe; meist sehr wüchsig.
Blätter: Eiförmig; spitz; silbrig behaart; bis 2,5 cm lang; zum Teil mit Zeichnung.
Pflege: Regelmäßig gießen; mäßig düngen.
Verwendung: Hübsch zwischen Fächerblumen und Hängepetunien in Kästen und Ampeln.

Sorten: 'Silver' (Bild), silberlaubig, wüchsig; 'Rondello', cremegelb mit silberner Mitte.

Mini-Lakritzkraut
Helichrysum petiolare 'Minima'

↶ ☀ ✿ – ≈ ⅱ

Zierliche Form des Lakritzkrauts.
Wuchs: Flachbuschig; breit; dicht verzweigte Triebe, die zum Teil überhängen.
Blätter: Klein, rundlich spitz und silbrig behaart; sehr dicht.
Pflege: Regelmäßig gießen; schwach dosiert düngen; Rückschnitt möglich.
Verwendung: Zwischen Hängeverbenen und Zauberglöckchen in Ampeln; als Randbepflanzung von Kästen; zur Unterpflanzung von Kronenbäumchen.

Minze
Mentha suaveolens

Wüchsige, pflegeleichte Aromapflanze.
Wuchs: Buschig aufrecht bis überhängend; bildet unterirdische Ausläufer; großer Ausbreitungsdrang; Höhe bis 40 cm.
Blätter: Länglich oval, runzelig; cremefarbene Ränder; duften beim Reiben zwischen den Fingern.
Pflege: Gleichmäßig feucht halten; mäßig düngen; Rückschnitt möglich.
Verwendung: Als Solitär auf einer Säule im Topf lassen.

Mottenkönig
Plectranthus coleoides

Pflegeleichte, als Weihrauch bekannte Pflanze.
Wuchs: Buschig; überhängende Triebe, die bis zu 1 m lang werden; starkwüchsig.
Blätter: Länglich; gezahnte Ränder; filzig; grün mit unregelmäßigem weißem Rand.
Pflege: Mäßig gießen; regelmäßig mit Dünger versorgen; gegebenenfalls zurückschneiden.
Verwendung: Passt zu Hängegeranien und Hängepetunien; wirkt ländlich.

Oregano
Origanum vulgare 'Aureum'

Leuchtender Gruß aus dem Küchengarten.
Wuchs: Buschig aufrecht, dichte Triebe; zunächst kompakt, später locker auseinanderfallend.
Blätter: Klein, oval, hellgrün; junges Laub an den Triebspitzen fast gelb.
Pflege: Mäßig feucht halten und gelegentlich düngen; Ausknispen der Triebspitzen fördert den buschigen Wuchs.
Verwendung: Hübsch zu Balkontomaten; zwischen gelb blühenden Ringelblumen, Kapuzinerkresse und Zinnien.

Papageienblatt
Alternanthera bettzickiana

Ein pflegeleichter Ruhepol im Kasten.

Wuchs: Halbkugelige Büsche; kompakt; reich verzweigt; bis 25 cm hoch.

Blätter: Länglich, schmal; weinrot oder grün.

Pflege: Regelmäßig gießen; sparsam düngen; Rückschnitt hält die Pflanzen kompakt.

Verwendung: Akzent zwischen Blauem Gänseblümchen, Leberbalsam und Elfenspiegel.

Sorten: 'Burgundy', weinrotes Laub; 'Green-Yellow', gelbgrün panaschiertes Laub; 'Little Romance', kompakter Wuchs.

Purpurglöckchen
Heuchera-Hybriden

Eine variationsfreudige Staude für den Topf.

Wuchs: Breite Blatthorste; Höhe bis 30 cm.

Blätter: Rundlich, gelappt und gestielt; rote, bernsteinfarbene, grüne und silbrige Zeichnungen.

Pflege: Regelmäßig gießen; gelegentlich düngen; Rückschnitt im Frühling.

Verwendung: Ideal für schattige Pflanzungen.

Sorten: 'Amber Waves' (Bild), bernsteinfarben mit Olivgrün, Unterseite purpurfarben; 'Strawberry Swirls', minzgrün mit silbriger Mitte; 'Velvet Night', purpurfarbenes Laub mit silbrigem Überzug.

Salbei
Salvia officinalis

Anspruchsloser Halbstrauch.

Wuchs: Buschig; aufrecht; von unten verholzend; 15–25 cm.

Blätter: Länglich oval bis schmal; an Stielen; graugrün; Zeichnung und Färbung bei Sorten.

Pflege: Mäßig gießen und düngen; Entspitzen fördert die Verzweigung.

Verwendung: Zu Rosen; als herbstlicher Begleiter; zwischen Naschgemüse.

Sorten: 'Icterina' (Bild), goldgelb panaschiert; 'Purpurascens', graugrün mit rötlichem Hauch; 'Tricolor', weißgrün panaschiert mit rötlichem Austrieb.

Schokoklee

Trifolium repens 'Quadrifolium Purpureum'

🜂 ☼ ✿ 7–8 ≋ 🜊

Ein raffinierter Blickfang für den zweiten Blick.

Wuchs: Breitbuschig, dicht; bis 20 cm hoch.

Blätter: Vierblättrig; gestielt; dunkelbraun mit feinem hellgrünem Rand.

Pflege: Regelmäßig gießen und düngen.

Verwendung: Als dekorativer Kontrast zu gelbem und orangefarbenem Elfenspiegel; elegant mit Schokoladenblume und lachsfarbenem Elfensporn.

Süßkartoffel

Ipomoea batatas

↰ ☼ ✿ – ≋ 🜊

Ein leuchtender Blickfang in Grün oder Rot.

Wuchs: Buschig; kompakt mit überhängenden Trieben; bis 20 cm hoch; Triebe bis 50 cm lang.

Blätter: Handförmig gelappt oder herzförmig; an kräftigen Stielen; 5–10 cm lang.

Pflege: Reichlich gießen; gelegentlich düngen; Rückschnitt der Triebe möglich.

Verwendung: Frischgrüne Sorten zu hellgelben Blüten, rotlaubige zu Pink- und Rosatönen.

Sorten: 'Terrace Lime', handförmige Blätter, leuchtend grün; 'Blacky', schwarzrot; 'Sweet-Heart Light Green', leuchtend gelbgrün mit dunklem Rand, herzförmig.

Taubnessel

Lamium maculatum

🜂 ◑–● ✿ 4–10 ≋ ü

Winterhart und schattenverträglich.

Wuchs: Polster aus kriechenden Ausläufern; breitwüchsig; nicht wuchernd; Höhe 15–20 cm.

Blätter: Eiförmig; weiß-grüne Zeichnungen.

Pflege: Gleichmäßig gießen und düngen; Rückschnitt möglich.

Verwendung: Zu Fleißigen Lieschen und Eisbegonien oder zu Zwergrosen und Margeriten.

Sorten: 'White Nancy' (Bild), weiße Blattmitte; 'Pink Chablis', spitze Blätter mit weißer Mitte, hellrosa Blüten im Frühsommer.

Filigrane Gräser mit elegantem Schwung

Der besondere Charakter von Gräsern beruht auf ihren filigranen Halmen, die aufrecht oder schwungvoll überhängend zwischen Blatt- und Blütenpflanzen stehen. Sie liegen voll im Trend, und man sieht sie immer öfter auch auf Balkonen und in Topfgärten. Eine ganze Reihe von Gräsern zählt zu den mehrjährigen Pflanzen. Das bedeutet, man kann sie rund ums Jahr im Kasten stehen lassen. Im Frühling, Sommer und Herbst arrangiert man die Begleiter neu. Bei den einjährigen Gräsern kommt neben der Blattstruktur die Blüte stark ins Spiel. Die luftigen und leichten Rispen und Blüten lockern die kompakte Wirkung von dichten Blütenständen oder großen Einzelblüten geschickt auf. Durch ihre Leichtigkeit bewegen sich Gräser im Wind und bringen zusätzlich zu Farbe, Duft und Struktur ein dynamisches Element in eine Balkonbepflanzung. Häufig werden blühende Gräser auch im Herbst angeboten. Sie lösen die Sommerblumen ab, deren Schmuck sich bereits erschöpft hat, und setzen neue Akzente.

Die verschiedenen Gräser sorgen für die beruhigende und zugleich natürliche Wirkung dieses Balkons.

Bunt-Segge
Carex hachijoensis 'Evergold'

🌱↗ ◑ ✿ 4–5 ≈ ü

Anspruchslose, pflegeleichte Staude.
Wuchs: Nestartige Horste; Höhe bis 30 cm; Halme dunkelgrün mit gelbem Mittelstreifen; winterhart.
Blüte: Im April/Mai an kräftigen Stielen.
Pflege: Rückschnitt im Frühling zum Neuaustrieb.
Verwendung: Für halbschattige bis schattige Kombinationen mit Fuchsien; dekorativ in Frühlings- bzw. Herbstpflanzungen.

Federborstengras
Pennisetum setaceum

↑ ☼ ✿ 6–10 ≈ 🗙

Einjähriger Begleiter für den Sommerbalkon.
Wuchs: Dichte Blatthorste mit rotbraunen Halmen, die in der Spitze leicht übergeneigt sind; Höhe zwischen 30 und 60 cm.
Blüte: Pfeifenputzerartige, 8–15 cm lange Blütenstände auf kräftigen Stielen; rotbraun.
Pflege: Regelmäßig gießen; gelegentlich düngen.
Verwendung: Passt gut zu gelben und orangefarbenen Strohblumen.

Sorten: 'Fireworks', grünrote Blätter mit pinkfarbenem Rand; kompakter Wuchs; 'Rubrum' (Bild), burgunderfarbenes Laub, bis 60 cm, Blüten bis 80 cm.

Federborstengras
Pennisetum alopecuroides

↑ ☼–◑ ✿ 8–10 ≈ ü

Pflegeleichte Staude für Akzente im Hochsommer.
Wuchs: Dichtbuschige Horste aus dunkelgrünen Halmen; Höhe 30–60 cm; mehrjährig.
Blüte: Grünlich braune, flaschenputzerartige Blüten auf kräftigen Stielen; Länge 6–8 cm.
Pflege: Rückschnitt im Frühling; anschließend düngen; regelmäßig gießen.
Verwendung: Als Solitär in großen Töpfen; mit Präriekerzen, Schmuckkörbchen, auch Rosen.

Sorten: 'Little Bunny' (Bild), klein bleibend, grazil, nicht wintergrün, bis 40 cm hoch; 'Hameln', kompakt, früh blühend; bis 60 cm.

Esperatogras
Stipa lessingiana 'Capriccio'

🌱↗ ☀–◐ ❀ 9–10 ≈ ü

Filigraner, pflegeleichter Hintergrund für Blüten.
Wuchs: Dichte Horste von feinen Blättern, die locker im oberen Viertel überhängen; stumpf grün; 30–40 cm; winterhart.
Blüte: Federartige Blütenstände auf Stielen im Herbst.
Pflege: Im Frühling zurückschneiden.
Verwendung: Passt zu Verbenen und Mehlsalbei.

Frauenhaargras
Nasella tenuissima

↑ ☀ ❀ 7–8 ≈ Ⅶ

Schwingt mit jedem Luftzug.
Wuchs: 30–40 cm hohe Horste, die wie Fontänen auseinanderfallen; silbrig grüne Halme.
Blüte: Federartig auf Stielen in Höhe der Blattenden.
Pflege: Durchlässiges Substrat; gelegentlich gießen.
Verwendung: Hübsch zu Präriekerzen, Kaffernlilien, Penstemon und Kapmargeriten.

Sorte: 'Ponytails', dichte Blütenstände, ideal für Topfkultur.

Mähnengerste
Hordeum jubatum

🌱↗ ☀ ❀ 7–9 ≈ Ⅶ

Einjähriges Gras mit auffälligen Blüten.
Wuchs: Horste, die leicht auseinanderfallen, aus frischgrünen, breiten Halmen; Höhe ca. 50 cm.
Blüte: Ährenbüschel mit langen Grannen; zum Teil mit rötlichem Hauch; über dem Blattwerk stehend.
Pflege: Durchlässiger Boden; regelmäßig gießen.
Verwendung: Zwischen Kapuzinerkresse und Studentenblumen.

Neuseeland-Segge
Carex albula 'Frosted Curls'

🀤   ☼   ❀ 6   ≈   û

Edles Gras mit schwungvollen Halmen.
Wuchs: Dichte Horste aus sehr feinen, dünnen Halmen mit gedrehten Enden; silbrig glänzend; Höhe bis 30 cm; nicht sicher winterfest.
Blüte: Unscheinbar.
Pflege: Regelmäßig gießen; gegebenenfalls im Winter vor Frost schützen.
Verwendung: Als Solitär in einem großen Gefäß; zwischen Dahlien, Mittagsgold und Vanilleblume.

Chinaschilf
Miscanthus sinensis

↑   ☼   ❀ 9–10   ≈   ü

Mehrjähriges Gras mit Sichtschutz.
Wuchs: Straff aufrecht in dichten Horsten, die bis zu 2 m hoch werden, Blattspitzen leicht überhängend.
Blüte: Dichte Fontänen schilfartig überhängenden Rispen in Beige bis Purpur.
Pflege: Rückschnitt im späten Frühling vor dem Neuaustrieb, regelmäßig gießen und düngen, Teilung im Frühjahr.
Verwendung: Als Solitär, Blickfang, Sichtschutz, Schattenspender.

Sorten: 'Gracillimus', Klassiker, 140–160 cm; 'Little Zebra', quergestreifte Blätter, 90–120 cm; 'Herkules' 120–130 cm, rotbraune Herbstfärbung.

Zypergras
Cyperus in Arten und Sorten

↑   ☼–●   ❀ 5–10   ≈   û

Ideale zur Verbesserung des Kleinklimas.
Wuchs: Vieltriebig aufrecht. 50 bis 90 cm hoch. Blätter frischgrün; Blattbüschel an den Stielenden.
Blüten: Beigebraun bis Elfenbein zwischen den Blättern.
Pflege: Reichlich gießen und mit feiner Düse mit Wasser einnebeln. Größere Horste durch Teilung vital halten.
Verwendung: Zu Wasserpflanzen, in Wannen für eine höhere Luftfeuchtigkeit, als Raumteiler.

Arten/Sorten: 'Little Pharao', klein, leicht bogig übergeneigt; 'Isis', höhere Pflanze, *C. prolifer* 'Cleopatra', dichte fadenartige Blätter in dichten Büscheln, Hitze tolerant; *C. papyrus* 'Nofretete', kompakte Form des Echten Papyrus.

Balkonstile

Verspielt romantisch mit englischem Flair

Wenn der Balkon eine Oase der Entspannung sein soll, wird die Gestaltung von einer romantischen Note geprägt. Träumereien und Harmonie sind zum einen durch die Wahl der Blütenfarben bestimmt: Purpur, Rosa und Fliederfarbe geben das Farbspektrum vor. Zum anderen gilt es, passende Pflanzen auszuwählen. Rosen zählen ebenso dazu wie Arten mit zahlreichen kleinblumigen Blüten, die sich wie zarte Wolken und Schleier aufbauen. Als Vermittler stehen Begleiter mit andersfarbigem Laub zur Verfügung. Während silbriges Laub die Situation zu verzaubern scheint, bekommt die Romantik durch burgunderfarbenes Blattwerk eine sehr ruhige Note.

Zugleich erinnert dunkelrotes Laub an Pflanzenkombinationen, die man aus England kennt. So kann man mit altmodisch wirkenden Pflanzen, wie Dahlien, Fuchsien und Marienglockenblumen, Kontraste in die Bepflanzung einstreuen. Die abwechslungsreichen Strukturen sorgen für eine positive Grundstimmung, die Blühpausen geschickt überspielt.

Rosige Zeiten versprechen die hellrosa Sorte 'Bonica '82' und die dunkelrosa Beetrose 'Leonardo da Vinci'.

Angelonie
Angelonia gardneri

Ein Dauerblüher, der wenig Arbeit bereitet.

Wuchs: Aufrechte Blattbüschel; Höhe 20–40 cm; frischgrünes Laub mit gezahnten Rändern; klein.

Blüte: Rachenblüten in Rispen; lavendelblau, blauviolett, weiß, pink, rosa mit blauer Mitte.

Pflege: Regelmäßig gießen und düngen; Verblühtes entfernen.

Verwendung: Zusammen mit Löwenmäulchen, Rosen und Marienglockenblumen.

Sorten: 'Dresden Blue', lavendelblau; 'Adessa Pink', rosa; 'Carrara' reinweiß.

Buntnessel
Solenostemon scutellarioides

Blätter in einzigartiger Farbenpracht.

Wuchs: Aufrechte, buschige Halbsträucher mit auffälligen, vielfarbigen Blättern.

Blüte: Unscheinbar.

Pflege: Regelmäßig gießen und düngen; Spitzen immer wieder ausknipsen, um die Verzweigung zu fördern; kräftiger Rückschnitt möglich.

Verwendung: Mischung verschiedener Sorten als Gruppe; zu Rosen und Angelonien.

Hinweis: Kann im Zimmer überwintert werden.

Dahlie
Dahlia-Hybriden

Großblumige Knollenpflanze.

Wuchs: Aufrecht; buschig verzweigt; frischgrüne Blätter; Höhe 25–80 cm.

Blüte: Rund, groß; gefüllt, halbgefüllt oder einfach; weiß, gelb, rosa, rot, orangefarben; auch zweifarbig.

Pflege: Regelmäßig gießen und düngen; Staunässe vermeiden; vor Schnecken schützen.

Verwendung: Kleine Sorten in Kästen mit Elfenspiegel, Buntnessel und Spinnenblume; größere Sorten als Solitär im Kübel.

Elfenspiegel
Nemesia-Hybriden

👑 ☀ ✿ 5–9 ≋ Ⱨ

Eine zarte Schönheit mit großer Wuchskraft.
Wuchs: Lockere Büsche mit straff aufrechtem Wuchs.
Blüte: Gespornte Rachenblüten an aufrechten Blütenstielen; auch andere Farben.
Pflege: Regelmäßig gießen und düngen; Staunässe vermeiden; gelegentlich ausputzen.
Verwendung: Hübsche Füllpflanze in Kästen; auch für Ampeln ideal.

Sorten: 'Karoo Pink', tiefrosa; 'Sunsatia Cassis', pinkfarben.

Elfensporn
Diascia-Hybriden

👑 ☀–◐ ✿ 5–9 ≋ Ⱨ

Zierliche Romanze für Leitpflanzen.
Wuchs: Buschige Polster mit überhängenden Trieben; 20–30 cm hoch.
Blüte: Rachenförmig; in endständigen Trauben; in verschiedenen Rosatönen und in Korallenrot.
Pflege: Leicht saures Substrat; mäßig gießen und düngen; Staunässe vermeiden.
Verwendung: Zu Rosen, Dahlien und Taubnesseln.

Sorten: 'Breezee Plus Appleblossom', apfelblütenrosa; 'Little Charmer', rosa bis pinkfarben.

Zier-Erdbeere
Fragaria × *ananassa*

👑 ☀–◐ ✿ 5–9 ≋ ü

Früher Nutzpflanze, heute Zierpflanze.
Wuchs: Breitwüchsig, flach in dichten Blattrosetten, bildet Ausläufer.
Blüte: Große, schalenförmige Blüten in kräftigem Pink; lange Blütezeit; kaum Früchte.
Pflege: Regelmäßig gießen; gelegentlich Ausläufer zurückschneiden.
Verwendung: Als Begleitpflanze, Unterpflanzung von Kübelpflanzen, in Ampeln.

Sorten: 'Lipstick', kräftiges Pink, 'Red Ruby', leuchtendes Rosa, 'Pink Panda', klares Rosa.

Fuchsie
Fuchsia-Hybriden

 ◑—● ✿ 5–10 ≈ û

Der Klassiker aus britischen Gärten.

Wuchs: Stehend oder hängend; reich verzweigt.

Blüte: Glockenförmig; länglich schmal bis kugelig rund; zweiteilig bestehend aus hochgeschlagenen Kelchblättern und einer fast geschlossenen Blütenkrone; meist zweifarbig.

Pflege: Regelmäßig gießen; schwach dosiert düngen; Fruchtansätze regelmäßig entfernen; Rückschnitt möglich.

Verwendung: Zusammen mit Buntnesseln.

Glockenblume, Marien-
Campanula medium

↑ ☀–◑ ✿ 5–7 ≈ ☿

Frühsommerliche Blütenromanze.

Wuchs: Aufrechte, verzweigt Blätter; satt grünes Laub; 50–90 cm hoch.

Blüte: Glockenförmig; in lockeren Trauben; Einzelblüte bis 5 cm lang; blau, rosa, weiß; zum Teil gefüllt.

Pflege: Regelmäßig gießen und düngen; Verblühtes abschneiden.

Verwendung: Zu Angelonien, Dahlien und höheren Rosen; zu kräftigen Blütenfarben.

Inkalilie
Alstroemeria-Hybriden

↑ ☀ ✿ 6–9 ≈ ☿

Bislang nur als Schnittblume bekannt.

Wuchs: Dichte Horste; Höhe 50–80 cm.

Blüte: Trompetenförmig; in endständigen Trauben; meist zweifarbig mit feiner Zeichnung; rot-weiß; lachs-gelb; gelb-orange; feiner Duft.

Pflege: Regelmäßig gießen und düngen; Verblühtes entfernen.

Verwendung: Zusammen mit Kapfuchsien, Federborstengras und gelben Margeriten.

Sorten: 'Red Lion', rot-weiß, 80 cm; 'Glory of the Andes', gelb-orange, 80 cm; 'Venus', weiß mit rosa, 70 cm.

Katzenminze

Nepeta-Hybride

Wuchs: Kugelig, buschig mit silbrig grünem Laub.
Blüte: Lavendelblaue Lippenblüten an langen Rispen.
Pflege: Verträgt kurzzeitig Trockenheit; guter Wasserabzug erforderlich; Rückschnitt fördert Blütenneubildung für die zweite Sommerhälfte.
Verwendung: Begleiter für Rosen und Lilien; hübsch als mehrjährige Pflanze in fest eingebauten Balkonkästen.

Sorten: 'Cat's Meow', gleichmäßiger Wuchs, dichte Blütenstände. 'Purrsian Blue', kompakter, niedriger Wuchs.

Kapuzinerkresse

Tropaeolum majus

Eine lockere Wuchsform.
Wuchs: Buschig überhängend.
Blüte: Trichterförmig, gespornt, gelb, orange und rot, zum Teil dicht gefüllt.
Pflege: Regelmäßig gießen, mäßig düngen, welke Blüten ausputzen.
Verwendung: In Kästen, Töpfen und Ampeln.
Hinweis: Blattläuse biologisch bekämpfen.

Sorten: 'Alaska', marmoriertes Laub; 'Empress of India', sehr dunkellaubig.

Leberbalsam

Ageratum houstonianum

Very british – dieser blühfreudige Begleiter.
Wuchs: Breitbuschig mit leicht übergeneigten Trieben an den Rändern; 10–25 cm.
Blüte: Schirmförmige Trugdolden, die sich aus quastenähnlichen Einzelblüten zusammensetzen; in verschiedenen Rosa- und Lilatönen sowie in Weiß.
Pflege: Regelmäßig gießen; Staunässe vermeiden; regelmäßig düngen; verblühte Triebe abschneiden.
Verwendung: Für Kästen als Vermittler zwischen hängenden und aufrecht wachsenden Pflanzen.

Männertreu
Lobelia erinus

   ☀–◐   ❀ 5–9   ≈   ☙

Klare, blaue Blütenfülle.

Wuchs: Kompakte Polster mit niederliegenden Trieben, bis 15 cm hoch; hängende Triebe bis 25 cm lang bei Hängelobelien.

Blüte: Kleine Einzelblüten; in verschiedenen Blautönen und in Lila, Rosa und Weiß.

Pflege: Regelmäßig gießen und schwach dosiert düngen; Ende Juli kräftig zurückschneiden.

Verwendung: Als Randbepflanzung in Kästen und als Unterpflanzung von Hochstämmchen.

Petunie
Petunia-Hybriden

   ☀   5–9   ≈   ☙

Zarte Schönheit mit enormer Blühkraft.

Wuchs: Übergeneigte Triebe mit dunkelgrünen Blättern; bis über 60 cm lang.

Blüte: Trichterförmig; dicht nebeneinander; auch gefüllt; in Pastelltönen, Rot, Pink, Lila und Weiß.

Pflege: Saure Erde verwenden; regelmäßig gießen und häufig düngen; bei gelben Blättern mit Eisenpräparat behandeln.

Verwendung: Zu Zierklee, Elfenspiegel und Silberregen.

Rosen, Zwerg-
Rosa-Hybriden

   ☀–◐   ❀ 5–9   ≈   ü

Die Prinzessinnen auf der Balkonbühne.

Wuchs: Dichtbuschig; reich verzweigt; kleine charakteristische Rosenblätter, glänzend grün; 25–60 cm hoch.

Blüte: Typisch; dicht gefüllt; zahlreiche Farben.

Pflege: Gleichmäßig feucht halten; regelmäßig düngen; Hitze vermeiden; Welkes ausputzen.

Verwendung: Zusammen mit Schopf-Lavendel, Currykraut, Leberbalsam und Angelonien.

Sorten: 'Orange Meillandina', orangerot; 'Pink Symphonie', rosa gefüllt; 'Sonnenkind', gelb gefüllt.

Rosenkleid
Rhodochiton atrosanguineus

↶/↑　　☀　　✿ 5–9　　≈　　☒

Kletternde oder hängende Extravaganz.
Wuchs: Kletternd bzw. hängend; bis 3 m hoch; dichtes, herzförmiges Blattwerk, das schuppig übereinanderliegt.
Blüte: Trompetenförmig, hängend; in dunklem Violettrot, umhüllt von pinkfarbenen Kelchblättern.
Pflege: Gitterförmige Rankhilfe (Draht, Schnur); regelmäßig gießen und düngen.
Verwendung: Für Kübel und Ampeln; als Wandbegrünung.

Sauerklee
Oxalis triangularis

↶↷　　◑　　✿ 6–9　　≈　　û

Unkomplizierte Blatt- und Blütenschönheit.
Wuchs: Buschig; mit lang gestielten dreiteiligen Kleeblättern; großblättrig; grün oder purpurfarben bis schwarzrot.
Blüte: Kleine lila, selten weiße Lippenblüten in dichten Quirlen an den Triebenden.
Pflege: Rückschnitt nach der Blüte fördert die Zweitblüte; nur mäßig düngen.
Verwendung: Zu Petunien, Elfensporn und *Euphorbia* 'Diamond Frost'.

Schönmalve
Abutilon-Hybriden

↑　　◑　　✿ 5–10　　≈　　û

Halbstrauch mit zartem Blütenschmuck.
Wuchs: Buschig verzweigt; große, ahornähnliche Blätter; frischgrün.
Blüte: Glockenförmig; zum Teil flach nach unten geöffnet; gelb, rot, weiß, orange.
Pflege: Frisches Substrat; windgeschützter Standort; gleichmäßig feucht halten; regelmäßig düngen; Rückschnitt möglich.
Verwendung: Als Solitär im Kübel; zusammen mit Buntnessel und Federborstengras.

Schopf-Lavendel

Lavandula stoechas

 ☼ 5–9 ≈ û

Frühsommerliche Lavendelpracht.

Wuchs: Buschig, aufrecht; 20–40 cm hoch; längliche, grau-grüne Blätter.

Blüte: Kleine Blüten in dichten Ähren, an deren Ende große, auffällig gefärbte Hochblätter stehen; in Rosalila bis Magenta.

Pflege: Durchlässige Erde; gleichmäßig feucht halten; mäßig düngen; Rückschnitt im Herbst.

Verwendung: Mit Leberbalsam, Rosen und Geranien.

Sorten: 'Arles', schwarzviolette Blüten, fliederfarbene Fahne, remontiert; 'Avignon', purpurfarbene Blüten, rosa Fahne, remontiert.

Silberregen

Dichondra argentea 'Silver Falls'

 ☼ – ≈ ⚑

Wie ein prachtvoller Wasserfall.

Wuchs: Überhängende, meterlange Triebe mit kleinen, runden Blättern, silbrig gefärbt; dekorativ bis zum ersten Frost.

Blüte: Unbedeutend.

Pflege: Durchlässiges Substrat; mäßig gießen; verträgt Rückschnitt.

Verwendung: Strukturpflanze für Ampeln und Ränder von Balkonkästen.

Taubnessel

Lamium maculatum

 ◑–● 4–10 ≈ ü

Romantischer Lückenfüller.

Wuchs: Polster aus kriechenden Ausläufern; breitwüchsig, nicht wuchernd; Höhe 15–20 cm.

Blätter: Eiförmig-gezahnt; weiß-grüne Zeichnungen.

Pflege: Gleichmäßig gießen und regelmäßig düngen; Rückschnitt möglich.

Verwendung: Zu Fleißigen Lieschen und Fuchsien.

Sorten: 'White Nancy', weiße Blattmitte; 'Pink Chablis', spitze Blätter mit weißer Mitte, hellrosa Blüten im Frühsommer.

Ein Hauch von sommerlicher Landlust

Im Topfgarten an der Balkonwand können den ganzen Sommer über verschiedene Tomatensorten sowie Kräuter geerntet werden.

Mitten in der Stadt packt einen schon manchmal die Sehnsucht nach bäuerlicher Dorfidylle. Zumindest kann man dem Wunsch nach ein paar selbst gezogenen Naschereien nur schwer widerstehen. Diese Träume lassen sich leicht umsetzen, denn mittlerweile gibt es eine ganze Reihe von Gemüsearten, die sich problemlos im Topf ziehen lassen. Die einzige Voraussetzung ist ein sonniges Plätzchen für die Leckereien, damit die Früchte auch gut ausreifen können. Zudem brauchen die Gemüsepflanzen etwas mehr Pflege und vor allem ausreichend Wassser, um gut zu gedeihen. Hier helfen zwei Aspekte: ein ausreichend großes Gefäß und eine hochwertige Blumenerde. Speziell für Fruchtgemüse wie Tomate, Aubergine und Paprika werden im Handel Erden angeboten, die eine abgestimmte Nährstoffkombination enthalten. Je höher die Pflanzen werden, desto mehr Bedeutung haben dekorative Stützen aus Bambus, Holz oder Metall. An ihnen werden die Triebe in die Höhe geleitet und festgebunden, damit der üppige Fruchtansatz gut gehalten wird.

Der passende Blütenschmuck für diesen mobilen Genießergarten kommt aus dem ländlichen Umfeld. Blumen, die man aus dem Bauerngarten kennt, findet man mittlerweile auch mit einem kompakteren Wuchs, sodass der Blumenschmuck proportional zum Balkon und zur Terrasse passt. Hier sind vor allem Studentenblumen, Zinnien und Ringelblumen gefragt. Bei letzteren kann man sogar die Blüten in der Küche verwenden. Für entsprechendes Blattwerk sorgen schließlich Kräuter und Salate, die aber nicht nur das Auge erfreuen, sondern auch als nachwachsender Vorrat für die Küche genutzt werden können.

Andenbeere
Physalis peruviana

🌱 ☼ ✿ 6–9 ≈ ⚱

Früchte zum Naschen und Dekorieren.
Wuchs: Aufrecht; buschig verzweigt; Höhe 60 cm.
Blüte: rundlich; hängend; hellgelb mit dunkler Mitte, ab Juni. Früchte in braunen Hüllblättern von Juli bis November.
Pflege: In nährstoffreiche Erde pflanzen; gleichmäßig feucht halten; Ernte mit den Hüllblättern.
Verwendung: Als Solitär im Topf; unterpflanzen mit *Zinnia angustifolia*.

Sorte: 'Little Lanterns', kompakter Wuchs, ideal für Töpfe.

Aubergine
Solanum melongena

↑ ☼ ✿ 6–9 ≈ ⚱

Südliches Sommergemüse, auch zum Grillen.
Wuchs: Aufrecht buschig; 40–60 cm hoch.
Blüte: Sternförmig; meist nach unten geneigt; violett. Früchte ab Juli.
Pflege: Gleichmäßig feucht halten; reichlich düngen, z. B. mit Tomatendünger.
Verwendung: Zu Paprika und Basilikum.

Sorten: 'Baby Rosanna', golfballgroße violette Früchte, bis 60 cm hoch; 'Mohican', weißschalige Früchte, bis 50 cm hoch; 'Bambino', golfballgroße violette Früchte, bis 40 cm hoch.

Erdbeere
Fragaria × *ananassa*

🌱 ☼–◐ ✿ 5–9 ≈ ⚱

Süße rote Früchte zum Zugreifen.
Wuchs: Buschige Horste oder buschig überhängend; dreiteiliges frischgrünes Laub.
Blüte: Rundlich, weiß oder rosa mit gelber Mitte; verzweigte, aufrechte Blütenstiele. Rote längliche bis herzförmige Früchte; hängend.
Pflege: Frischer, nährstoffreicher Boden; gleichmäßig feucht halten.
Verwendung: In Ampeln oder Töpfen auf Säulen.

Sorten: 'Rosanna', rosa Blüten, immer tragend; 'Elan', immer tragend, aromatisch; 'Camara', längliche Früchte, für Ampeln.

Geranie, Hängende
Pelargonium-Peltatum-Hybriden

↰ ☼ ❀ 5–9 ≈ û

Eine prachtvolle Blütenfülle.

Wuchs: Überhängende Triebe mit glänzenden, dunkelgrünen Blättern; dicht buschig.

Blüte: Einzelblüten in lockeren Dolden auf kräftigen Stielen; rot, rosa, weiß, lachsfarben.

Pflege: Regelmäßig gießen; Erde immer wieder abtrocknen lassen; Langzeitdünger deckt den Nährstoffbedarf.

Verwendung: Für Kästen und Ampeln; gerne als Solitär mit verschiedenen Blütenfarben.

Löwenmäulchen
Antirrhinum majus

↑ ☼–◑ ❀ 6–9 ≈ ü

Typisch Bauerngarten.

Wuchs: Aufrecht bis buschig überhängend; verzweigt; frischgrünes Laub; Höhe 15–100 cm.

Blüte: Typische Rachenblüten in endständigen Trauben; in Rot, Rosa und Weiß; häufig mit einem gelben Saftmal auf den unteren Blütenblättern.

Pflege: Regelmäßig gießen und mäßig düngen; Verblühtes abschneiden.

Verwendung: Passt zu Nelken, Studentenblumen und Margeriten.

Mangold
Beta vulgaris subsp. *vulgaris*

↑ ☼–◑ ❀ – ≈ ü

Essbarer Blattschmuck aus dem Gemüsegarten.

Wuchs: Rosetten mit aufrechten Blättern; breite, weiße, gelbe, rote oder orangefarbene Stiele mit glänzend grünen Blättern.

Blüte: Unbedeutend.

Pflege: Mit ausreichend Abstand pflanzen; reichlich gießen und düngen.

Verwendung: Als Solitär im Kübel oder zusammen mit farblich passenden Balkonblumen.

Sorten: 'Bright Lights' (Bild), bunte Samenmischung; 'Rhubarb Chard', rote Stiele und Blattnerven.

Nelke

Dianthus caryophyllus

 ☼ ✿ 5–9 ≈ ☒

Ländliche Blütenschönheit.

Wuchs: Breitbuschig, kompakt; teilweise überhängender Wuchs; Höhe 30–60 cm; graugrünes, schmales Laub.

Blüte: Rundlich; halbgefüllt oder gefüllt; weiß, rosa, rot, zum Teil zweifarbig.

Pflege: Durchlässige Erde; mäßig gießen und düngen; Verblühtes ausputzen.

Verwendung: Hängende Form in Ampeln; in Kombination mit Löwenmäulchen und Strohblumen.

Palmkohl

Brassica oleracea 'Nero di Toscana'

 ☼ – ≈ ☒

Kohl mit italienischer Raffinesse.

Wuchs: Aufrecht; wenig verzweigt; längliche, stark gefurchte, runzelige Blätter in graublauem Grün.

Blüte: Unbedeutend.

Pflege: In nährstoffreiche Erde pflanzen; regelmäßig gießen und düngen.

Verwendung: Als dekorativer Solitär im Kübel; zusammen mit Sonnenhut und Tagetes.

Pantoffelblume

Calceolaria integrifolia

 ☼–◑ ✿ 5–9 ≈ ☒

Kräftige Farbe für den Halbschatten.

Wuchs: Buschig, kompakt, bis 30 cm hoch.

Blüte: Kugelig; oval; goldgelb; doldenartige Rispen; reichblühend.

Pflege: Reichlich gießen; mäßig düngen; Welkes abschneiden.

Verwendung: Zusammen mit rotlaubigen Salaten, Strohblumen und zur Unterpflanzung von Hochstämmchen.

Paprika
Capsicum annuum

↑ ☼ ✿ 6–9 ≈ ⚑

Knackige Früchte mit viel Vitamin C.
Wuchs: Aufrecht verzweigt mit dunkelgrünen Blätter; Höhe zwischen 40 und 70 cm.
Blüte: Weiß; recht klein und unscheinbar. Früchte grün, gelb, rot; rundlich bis länglich spitz; ab Ende Juli.
Pflege: In frische, nährstoffreiche Erde pflanzen (z. B. Gemüse- oder Tomatensubstrat); gleichmäßig feucht halten.
Verwendung: Zahlreiche Sorten; zu Sonnenblumen und Tomaten; mit Oregano unterpflanzt.

Radieschen
Raphanus sativus var. *sativus*

↖↗ ☼ ✿ – ≈ ⚑

Für ein frühlingsfrisches Naschvergnügen.
Wuchs: Kleine Blattbüschel aus frischgrünen Blättern über der Knolle.
Blüte: Unbedeutend; Ernte vor der Blüte.
Pflege: Aussaat ab Ende März in Balkonkästen; Sämlinge vereinzeln; Aussaat kann im Abstand von zwei bis drei Wochen erfolgen.
Verwendung: Zusammen mit Salat in einen Balkonkasten.

Sorten: 'Rougette', schnell reifend; 'Zlata', goldgelbes Radieschen; 'Rainbow Mischung', weiße, violette, rote, rot-weiße und goldgelbe Radieschen, auch für Sommerausaat.

Ringelblume
Calendula officinalis

↖↗ ☼ ✿ 5–10 ≈ ⚑

Tolle Farbtupfer für Salate und Kräutercreme.
Wuchs: Buschig; mehrtriebig; mit länglichen großen Blättern.
Blüte: Halbgefüllte oder gefüllte Margeritenblüten in Orange oder Gelb.
Pflege: Ausreichend wässern; welke Blüten ausknipsen.
Verwendung: Zwischen Naschgemüse; zu Tagetes und niedrigen Sonnenblumen.

Salat

Lactuca sativa var. *crispa*

⚘ ☀–◑ ✿ – ≈ ⚰

Die ideale Vorratshaltung – garantiert frisch.

Wuchs: Rundliche Blattrosetten, grün bis braunrot; gewellt oder glatt.

Blüte: Unbedeutend.

Pflege: Setzlinge in normale Blumenerde pflanzen; regelmäßig gießen; äußere Blätter ernten.

Verwendung: Zwischen Sommerblumen.

Hinweis: Blattläuse selten an Rotlaubigen.

Sorten: 'Lollo Rosso' und 'Lollo Bionda', krause rote bzw. grüne Blätter; 'Bentley', rote, glänzende Blätter.

Salbei

Salvia officinalis

⚘ ☀ ✿ 6–7 ≈ ü

Feines Aroma für die Mittelmeerküche.

Wuchs: Buschig, aufrecht; von unten verholzend, 15–25 cm; Blätter länglich oval bis schmal an Stielen, graugrün; Zeichnung und Färbung bei Sorten.

Blüte: Lippenblüten; meist lila, rosa oder weiß.

Pflege: Mäßig gießen und düngen.

Verwendung: Zu Naschgemüse und Rosen.

Sorten: 'Icterina', goldgelbe Blattränder (Bild); 'Purpurascens', graugrün mit rötlichem Hauch; 'Tricolor', weiß-grün panaschiert mit rötlichem Austrieb.

Sonnenblume

Helianthus annuus

↑ ☀ ✿ 7–9 ≈ ⚰

Prachtvolle Blüten wie Sonnen.

Wuchs: Straff aufrecht; Verzweigung sortenabhängig; große rundliche Blätter, rau, grün; Höhe zwischen 30 und 250 cm.

Blüte: Große Strahlenblüten mit gelben oder braunroten Zungenblüten und schwarzbrauner Scheibe; zum Teil gelb gefüllt; Durchmesser zwischen 8 und 15 cm.

Pflege: Nährstoffreiches Substrat; regelmäßig gießen; höhere Sorten unbedingt anbinden.

Verwendung: Zu Ringel- und Studentenblumen.

Sonnenhut, Einjähriger
Rudbeckia hirta

↑ ☼ ✿ 6–10 ≈ ⚥

Die ländliche Blühfreude.
Wuchs: Straff aufrechte Horste; raue, dunkelgrüne Blätter.
Blüte: Gelborange Strahlenblüten um eine schwarzbraune, kugelige Mitte; über dem Laub.
Pflege: Leicht feucht halten; Verblühtes abschneiden.
Verwendung: Passt gut zu einjährigem Lampenputzergras, Goldzweizahn und Studentenblumen.
Hinweis: Wird häufig im Hochsommer angeboten.

Strohblume
Helichrysum bracteatum, Syn. *Bracteantha bracteata*

↑ ☼ ✿ 5–9 ≈ ⚥

Mit nostalgischem Flair.
Wuchs: Aufrechte, breit wachsende Horste mit verzweigten Blütenständen.
Blüte: Blütenköpfchen aus papierartigen Blütenblättern; orange, zitronengelb, dottergelb.
Pflege: Scharfer Rückschnitt nach der Blüte sowie eine leichte Düngung regen die Zweitblüte an.
Verwendung: Guter Begleiter zu Rosen und vielen Beet-stauden.

Sorten: 'Sundaze Lemon', zitronengelb mit sattgelber Mitte; 'Sundaze Gold'; 'Dazzle Flame', goldorangefarbene Blüten, kompakter Wuchs.

Studentenblume
Tagetes patula

⚘ ☼ ✿ 6–9 ≈ ⚥

Wüchsige Sommerblume.
Wuchs: Kompakt buschig; wächst im Laufe des Sommers in die Breite; herb duftendes Laub.
Blüte: Ballförmig gefüllt; Durchmesser 3–5 cm; gelb, orange, rostrot.
Pflege: Regelmäßig gießen und düngen; welke Blütenstände entfernen.
Verwendung: Zusammen mit Sonnenhut und Strohblumen; gut zu Gemüse.

Tomate

Lycopersicum esculentum

↶/↶↷   ☼   ✿ 5–9   ≈   ⚰

Der Klassiker unter den Naschgemüsen.

Wuchs: Aufrecht buschig oder buschig überhängend, mit zahlreichen Verzweigungen.

Blüte: Sternförmig gelb in Rispen; rote oder gelbe Früchte.

Pflege: Nährstoffreiches Substrat; reichlich gießen und düngen (Tomatendünger); ausgeizen.

Verwendung: Mit Studenten- und Ringelblumen.

Sorten: 'Tumbling Tom Red', hängender Wuchs, kleine rote Früchte; 'Tumbling Tom Yellow', hängender Wuchs, kleine gelbe Früchte; 'Miniboy', früh, aromatisch, Höhe 40 cm.

Zucchini

Cucurbita pepo

↕/↑   ☼   ✿ 5–9   ≈   ⚰

Tipp für Selbstversorger.

Wuchs: Aufrecht kletternd mit großen grünen Blättern.

Blüte: Große, gelbe Kelche. Früchte länglich, dunkelgrün, 15 cm lang.

Pflege: Aussaat ab April; aufbinden am Spalier oder an kräftigen Stöcken; reichlich düngen und gießen.

Verwendung: Solitär im Topf.

Sorte: 'Black Forest', für Topfkultur.

Zuckererbse, Kaiserschote

Pisum sativum

↕   ☼   ✿ 6–8   ≈   ⚰

Eine feine Delikatesse.

Wuchs: Kletternd; graugrüne Blätter; bis 150 cm.

Blüte: Schmetterlingsblütig, wie eine Wicke; dunkelviolett bis rosa. Flache Schoten; grün bis violett.

Pflege: In nährstoffreiches Substrat säen; Keime an Spalier führen; gleichmäßig feucht halten; ernten, solange die Schoten noch flach sind.

Verwendung: Als Sichtschutz.

Sorten: 'Delikata', grüne Schoten. Kapuzinererbse, violette Schoten.

Das mediterrane Flair des Südens

Träumen Sie sich ohne lange Anfahrt oder gar einen Flug einfach für einen Sommer ans Mittelmeer. Auf dem Balkon ziehen mediterrane Kräuterschönheiten ein und verbreiten mit ihrem köstlichen Duft von Blättern oder Blüten das passende Urlaubsflair. Dazu gesellen Sie ein paar kraftvolle Blütenschönheiten, die man auch aus Italien und Frankreich kennt. Es gehören neben dem Kartoffelstrauch auch stehende Geranien in vielen verschiedenen Blütenfarben dazu. Die gewünschte Atmosphäre wird dadurch betont, dass man die Pflanzen einzeln in dekorative Tontöpfe pflanzt und diese entweder in Haltern am Balkongeländer aufhängt oder auf ein Wandregal in der prallen Sonne stellt. Auch auf einer Säule oder Blumentreppe sind die Topfschönheiten dekorativ. Bepflanzen Sie Ihren Lieblingsplatz für den Urlaub am Feierabend nach dem Prinzip »weniger ist mehr«.

Natürlich stehen die köstlichen Kräuter für das südliche Kochvergnügen zur Verfügung. Rosmarin, Thymian und Co. vertragen eine kräftige Ernte und reagieren auf den Schnitt meist mit einem wüchsigen Neuaustrieb.

Lavendel darf nicht fehlen, wenn man eine südliche Atmosphäre auf den Balkon zaubern möchte.

Ananas-Salbei

Salvia rutilans

↑   ☼   ✿ 8–11   ≈   û

Wüchsiger Busch mit kräftigem Ananasaroma.

Wuchs: Strauchartig; aufrecht; Höhe bis 120 cm; weiche, frischgrüne, flaumig weiche Blätter, die bei Berührung Ananasduft verströmen.

Blüte: Röhrenförmig; leuchtend rot; in schlanken Ähren.

Pflege: Reichlich gießen, da die Pflanze viel Wasser verbraucht, und mäßig düngen; kompakter Wuchs durch Entspitzen; verträgt Rückschnitt.

Verwendung: Zu Kapfuchsien, Wandelröschen und Geranien.

Basilikum, Strauch-

Ocimum-Hybriden

↑   ☼   ✿ 6–10   ≈   û

Robuster Halbstrauch mit hübschen Blüten.

Wuchs: Buschig; aufrecht verzweigt; 40–100 cm; rundliche Blätter mit violetten Blattadern.

Blüte: Blütenrispen mit lilafarbenen oder weißen kleinen Blüten an den Triebenden.

Pflege: Regelmäßig gießen und mäßig düngen; verträgt Rückschnitt.

Verwendung: Solitär im Kübel; zusammen mit Lavendel, Wandelröschen und Lakritzkraut.

Sorten: ʻMagic Blueʼ, kräftig lilafarbene Blüten; ʻMagic Whiteʼ, reinweiße Blüten, Blattwerk grün.

Currykraut

Helichrysum italicum

↑   ☼   ✿ 5–7   ≈   ⚥

Hübsche, silbrige Strukturen mit feinem Duft.

Wuchs: Aufrecht buschig; dicht verzweigt; 20–50 cm; kleine nadelartige Blätter in Silbergrau; bei mildem Klima winterhart.

Blüte: Kleine Köpfchen in dichten Doldentrauben; goldgelb.

Pflege: Durchlässige Erde; regelmäßig gießen; wenig düngen; verträgt Rückschnitt.

Verwendung: Zu Kräutern und Wandelröschen.

Duftnessel
Agastache-Hybriden

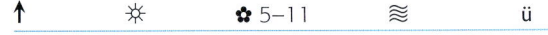

↑   ☼   ✿ 5–11   ≈   ü

Winterharter, pflegeleichter Dauerblüher.
Wuchs: Straff aufrecht; 30–50 cm; blaugrüne Blätter.
Blüte: Längliche Lippenblüten in lockeren Rispen über dem Laub; rosa, lachs-, creme- und fliederfarben.
Pflege: Durchlässiges Substrat; wenig gießen und mäßig düngen.
Verwendung: Schön zusammen mit Lavendel, Heiligenkraut und Currykraut.

Enzianstrauch
Lycianthes rantonnetii

↑   ☼   ✿ 5–10   ≈   û

Ein Traum in Blauviolett.
Wuchs: Buschig aufrecht mit sparrigen Verzweigungen; 20–150 cm; meist durch Rückschnitt kompakt im Wuchs; dichtes grünes Blattwerk.
Blüte: Rundlich; blauviolett mit gelber Mitte; zahlreich über den ganzen Strauch verteilt.
Pflege: Reichlich gießen und düngen; verträgt kräftigen Rückschnitt.
Verwendung: Zusammen mit Lavendel, Heiligenkraut und Wandelröschen.

Geranie, Stehende
Pelargonium-Zonale-Hybriden

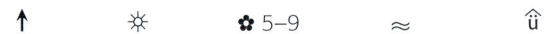

↑   ☼   ✿ 5–9   ≈   û

Pflegeleichte Blütenschönheit.
Wuchs: Kompakt buschig; aufrecht; lang gestielte, große Blätter; Höhe bis 30 cm.
Blüte: Große, rundliche Dolden auf einem kräftigen Stiel; weiß, rosa, rot; zum Teil zweifarbig durch Aderung und Zeichnung.
Pflege: Mäßig gießen; Erde abtrocknen lassen; regelmäßig düngen; verblühte Dolden am Stielansatz ausbrechen.
Verwendung: Leitpflanze; auch als Hochstamm oder Busch.

Heiligenkraut
Santolina chamaecyparissus

↑   ☼   ✿ 6–8   ≈   ü

Begleiter mit silbrigen Strukturen.
Wuchs: Aufrechter, buschiger Halbstrauch; graufilzige, fein zerteilte Blätter; 30–40 cm hoch.
Blüte: Goldgelbe Körbchenblüten.
Pflege: Durchlässiges Substrat; eher trocken halten; wenig düngen; verträgt Rückschnitt.
Verwendung: Zu Geranien, Duftnessel und Lavendel.

Kapfuchsie
Phygelius capensis

↑   ☼   ✿ 7–10   ≈   û

Auffälliger Blütenschmuck für die pralle Sonne.
Wuchs: Kompakte Büsche mit frischgrünen Blättern; 40–70 cm hoch.
Blüte: Trompetenförmig; bis 5 cm lang; hängend; hellgelb, leuchtend rot, purpurfarben; in langen, verzweigten Rispen.
Pflege: Gleichmäßig feucht halten; regelmäßig düngen.
Verwendung: Solitär im Kübel; zusammen mit rotlaubigen Strukturpflanzen wie Süßkartoffel und Federborstengras.

Lavendel
Lavandula-Hybriden

↜↟   ☼   ✿ 7–8   ≈   ü

Unzertrennlich mit dem Süden Frankreichs.
Wuchs: Buschig, aufrechter Halbstrauch; Höhe zwischen 30 und 50 cm; längliche graugrüne Blätter.
Blüte: Klein; lippenförmig; in verschiedenen Blautönen, Rosa und Weiß; in Ähren auf kräftigen Stielen über dem Laub.
Pflege: Durchlässige Erde; leicht feucht halten; mäßig düngen; kräftiger Rückschnitt nach der Blüte.
Verwendung: Als Solitär im Topf oder zu Kapfuchsien, Enzianstrauch und Strauch-Basilikum.

Nachtschatten, Kletternder
Solanum jasminoides

↰/↯   ☀–◑   ✿ 5–10   ≈   û

Sichtschutz mit zarten Blüten.
Wuchs: Locker breit buschig; lange Triebe, die überhängen oder an Rankgerüsten festgebunden werden können.
Blüte: Sternförmig weiß mit gelber Mitte.
Pflege: Regelmäßig gießen und düngen; zur Überwinterung im August die Nährstoffgaben einstellen; Rückschnitt möglich.
Verwendung: Für Ampeln und Kästen und zur Begrünung von Wänden.

Oregano
Origanum vulgare

↰↯   ☀   ✿ 7–9   ≈   ü

Der Duft einer frischen Pizza.
Wuchs: Buschig aufrecht; kompakt dicht; bis 20 cm hoch; kleine, rundliche, frischgrüne Blätter; immergrün.
Blüte: Klein, hellviolett; dichte Blütenstände.
Pflege: In durchlässige Erde pflanzen; leicht feucht halten; Rückschnitt möglich.
Verwendung: Unterpflanzung von Wandelröschen; zwischen Tomaten; zusammen mit anderen niedrigen Kräutern in einer Blumenampel.

Sorte: 'Aureum', goldgelbes Laub.

Rosmarin
Rosmarinus officinalis

↰/↑   ☀   ✿ 2–4   ≈   û

Wüchsiger Halbstrauch.
Wuchs: Buschig; aufrecht verzweigt; bis 60 cm; oben grüne, unten weißliche, nadelartige Blätter mit dem typischen Duft.
Blüte: Klein, helllila; entlang der Triebe.
Pflege: Gleichmäßig feucht halten; mäßig düngen; verträgt Rückschnitt.
Verwendung: Als Solitär im Kübel; zwischen Oregano, Thymian, Lakritzkraut und Heiligenkraut.

Sorten: 'Prostratus', kriechend bis überhängend wachsende Sorte; 'Blue Winter', mit Vliesabdeckung winterhart.

Thymian

Thymus vulgaris

↑ ☼  ✿ 7–9 ≈ ü

Kleiner, anspruchsloser Halbstrauch.

Wuchs: Dichtbuschig; aufrecht; Höhe bis 20 cm; winzige Blättchen, frischgrün bis oliv.

Blüte: Klein, rosafarben.

Pflege: In durchlässiges Substrat pflanzen; leicht feucht halten; wenig düngen; verträgt Rückschnitt.

Verwendung: Zu Tomaten; zusammen mit Rosmarin, Oregano und Lavendel in einem Kräutertopf.

Sorte: Zitronenthymian (*T.* × *citriodorus*) (Bild), zitronenartiger Duft, kissenartig überhängender Wuchs, rosa Blüten.

Wandelröschen

Lantana montevidensis

↰ ☼–◑ ✿ 5–10 ≋ û

Ein bezaubernder, zierlicher Halbstrauch.

Wuchs: Buschig; überhängend, bis 30 cm lang.

Blüte: Kleine Einzelblüten in dichten, halbkugeligen Blütenständen am Triebende.

Pflege: Reichlich gießen; regelmäßig düngen; Verblühtes ausputzen; Spitzen ausknipsen, um die Verzweigung anzuregen.

Verwendung: Mit niedrigen Blattschmuckpflanzen kombinieren.

Sorten: 'Lutea', gelb. *Lantana-Camara*-Hybriden, bis 100 cm hoch, changierende Blütenfarben in Orange, Rot, Gelb.

Zitronenstrauch

Aloysia triphylla

↑ ☼–◑ ✿ 7–9 ≈ û

Ein herrlicher Zitronenduft.

Wuchs: Kleiner Strauch; reich verzweigt; raue Blätter mit einem kräftigen Zitronenduft; dicht belaubt, Höhe bis 100 cm.

Blüte: Winzig klein; weiß.

Pflege: Reichlich gießen; Staunässe vermeiden; mäßig düngen; verträgt Rückschnitt.

Verwendung: Solitär im Topf; größere Exemplare im Kübel; zwischen Kräutern in einem großen Kasten.

Pausenlose Blütenpracht für viele Wochen

Eine Balkonbepflanzung, die den ganzen Sommer lang blüht – das wünschen sich viele Hobbygärtner. Und es ist möglich, denn Pflanzen, die unermüdlich blühen, gibt es viele im Sortiment der Balkonpflanzen. Nun gilt es nur noch, die verschiedenen Wuchsformen, die Fülle an Blütenformen und -farben harmonisch miteinander zu verknüpfen, damit die Wirkung perfekt wird. Dabei sollten die Formen abwechslungsreich sein, während man bei den Farben nach gleichen oder ähnlichen Tönen Ausschau hält. Farbliche Kontraste sollten ganz akzentuiert gewählt werden, indem man sich auf zwei, maximal drei ganz unterschiedliche Töne beschränkt. Für eine bunte Wirkung reicht diese Grundidee vollkommen aus. Darüber hinaus kann man Vielfalt durch Begleiter mit besonderen Blattfarben ins Spiel bringen (siehe S. 52 ff.). Mit diesen Pflanzen verhält es sich wie mit den Dauerblühern: Sie halten die Farbe ohne Pause. Buntblättrige Gräser (siehe S. 58 ff.) setzten darüber hinaus Akzente in der Formensprache.

Die Blütenfülle von Zauberglöckchen, Verbenen und Kapmargeriten wirkt vielfältig, weil bewusst kontrastreiche Farben ausgewählt wurden.

Blaue Mauritius
Convolvulus sabatius

↰ ☀ ✿ 5–9 ≈ ♉

Elegant und doch ganz unkompliziert.

Wuchs: Buschig überhängende Triebe, die bis zu 1 m lang werden; kaum höher als 20 cm.

Blüte: Trichterförmige, flache Blüten wie eine Winde; zart fliederfarben; am Abend schließen sich die Blüten.

Pflege: Regelmäßig gießen und düngen; anhaltende Feuchtigkeit fördert Pilzkrankheiten.

Verwendung: Für gemischte Ampeln, Blumenkästen und als Unterpflanzung von Hochstämmchen.

Euphorbie 'Diamond Frost'
Euphorbia hypericifolia

  ☀-● ✿ 5–9 ≈ û

Eine weiße Blütenwolke bis zum Frost.

Wuchs: Breitbuschig, aufrecht reich verzweigt.

Blüte: Kleine weiße Blüten zahlreich und locker über die Triebe verteilt, sodass die Pflanzen wie Wolken aussehen.

Pflege: Regelmäßig gießen; keine Staunässe; regelmäßig düngen; bei schlechter Versorgung klein bleibend; verträgt kurzzeitige Trockenheit.

Verwendung: Zur Auflockerung zwischen großblumige Pflanzen in Kästen und Kübeln.

Sorte: 'Diamond Cloud', kugeliger Wuchs, längere Blütenblätter.

Fächerblume
Scaevola saligna

↰ ☀ ✿ 5–9 ≈ ♉

Enorme Wuchskraft und anhaltender Blütenflor.

Wuchs: Kräftige, 40–70 cm lange Triebe; übergeneigt abstehend.

Blüte: Fächerförmig abstehende Blütenblätter; dicht nebeneinander an den Triebenden; in Weiß und Violett.

Pflege: In saure Erde pflanzen; regelmäßig gießen und düngen; Staunässe vermeiden.

Verwendung: in Blumenkästen und Ampeln.

Sorten: 'White Wonder', weiß; 'Saphira', dunkellila; 'New Wonder', kompakt, blau.

Fleißiges Lieschen
Impatiens-Walleriana-Hybriden

⚐ ☀–● ❀ 5–9 ≈ ⚰

Flowerpower auch ohne volle Sonne.
Wuchs: Breite Horste aus meist aufrechten Trieben, reich verzweigt; Höhe bis 25 cm.
Blüte: Rundlich, mit Sporn; dicht an den Triebenden; rosa, weiß und rot; zum Teil gefüllt.
Pflege: Gleichmäßig feucht halten; schwach dosiert düngen; gelegentlich abgefallene Blüten absammeln.
Verwendung: Mischung verschiedener Blütenfarben in einem Kasten.

Goldmargerite
Euryops pectinatus

⚐ ☀–◑ ❀ 5–10 ≈ û

Gelb blühende Strauchmargerite.
Wuchs: Buschig aufrecht; bis 80 cm; fein zerteiltes dunkelgrünes Laub, zum Teil silbrig gefärbt.
Blüte: Margeritenblüte; gelb mit gelber Mitte; an kräftigen Stielen; Knospen zum Teil silbrig überhaucht.
Pflege: Reichlich gießen und düngen; welke Blüten ausputzen.
Verwendung: Zu Wandelröschen und Elfenspiegel.

Sorte: 'Silver Sunshine', sattgelbe Blüten; silbrige Knospen.

Goldzweizahn
Bidens ferulifolia

⚐ ☀ ❀ 5–9 ≈ ⚰

Ein goldgelbes Sternenmeer.
Wuchs: Buschig mit dichten überhängenden Trieben und feingliedrigem Laub.
Blüte: Kleine bis große Blütensterne in Gelb.
Pflege: Hoher Wasser- und Nährstoffbedarf vor allem im Hochsommer.
Verwendung: In Ampeln und großen Kästen; mit Hängepetunien und Verbenen.

Sorten: 'Peters Surprise', kompakt, großblumig; 'Peters Goldteppich', flach wachsend, goldgelb; 'Peters Gold Rush', gesund, dichter Wuchs.

Hornveilchen

Viola-Cornuta-Hybriden

⚘ 2–6

Vom zeitigen Frühling bis in den Sommer.

Wuchs: Halbkugelige Büsche; 10–20 cm hoch.

Blüte: Typische Stiefmütterchenblüten; 2 cm Durchmesser; feine Zeichnung; in vielen Farben, auch als Mischung.

Pflege: Gleichmäßig feucht halten, ab April gelegentlich düngen, um die Blütezeit zu verlängern.

Verwendung: Für Ampeln und Balkonkästen; zusammen mit Primeln, Vergissmeinnicht und Maßliebchen.

Husarenknöpfchen

Sanvitalia procumbens

⚘ 5–9

Pflegeleichte Hängepflanze.

Wuchs: Überhängende Polster, die dicht mit Blüten besetzt sind; Länge der Triebe bis 50 cm.

Blüte: Kleine gelbe Sonnenblumenblüten mit grüner oder brauner Mitte.

Pflege: Mäßig gießen und düngen; Erde immer wieder abtrocknen lassen.

Verwendung: Ampeln, Hanging Baskets, Randbepflanzung für Blumenkästen.

Sorte: 'Aztekengold', beliebte Sorte.

Kapkörbchen

Osteospermum-Hybriden

⚘ 5–9

Großblumige Schönheit.

Wuchs: Aufrechte Büsche aus dichten Blättern, über denen die Blüten stehen; Höhe bis 35 cm.

Blüte: Margeritenförmig; großblumig; hellgelb, lachsfarben, orange, weiß, rosa, pink.

Pflege: Ausreichend wässern und düngen; Staunässe vermeiden; welke Blüten entfernen.

Verwendung: Zu kleinblumigen Balkonpflanzen wie Elfensporn und Elfenspiegel.

Sorten: 'Symphony'-Serie, reichblühend, 'Hip Hop'-Serie, kompakt wachsend.

Petunie, Hängende
Petunia-Hybriden

↰　　　☀-◑　　　✿ 5–9　　　≈　　　⚰

Eine Woge von Blüten.
Wuchs: Übergeneigte Triebe bis über 60 cm lang mit dunkel-grünen Blättern.
Blüte: Trichterförmig; dicht nebeneinander; auch gefüllt; in Pastelltönen, Rot, Pink, Lila und Weiß.
Pflege: Saure Erde verwenden; regelmäßig gießen und häufig düngen; bei gelben Blättern mit Eisenpräparat behandeln.
Verwendung: Für Ampeln und Kästen mit ähnlich kräftig wachsenden Pflanzen, wie Goldzweizahn.

Ringelblume
Calendula officinalis

↖↗　　　☀　　　✿ 5–10　　　≈　　　⚰

Leuchtende Blütenfarben.
Wuchs: Buschig; mehrtriebig; mit länglichen großen Blättern.
Blüte: Halbgefüllte oder gefüllte Margeritenblüten in Orange oder Gelb.
Pflege: Ausreichend wässern; welke Blüten ausknipsen.
Verwendung: Zwischen Naschgemüse; zu Oregano und Salbei; ergänzt gelbe Gestaltungen.

Schneeflockenblume
Sutera cordata

↰　　　☀-●　　　✿ 5–10　　　≈　　　⚰

Pflegeleicht – in der Sonne wie im Schatten.
Wuchs: Flache überhängende Polster mit rundlichen frisch-grünen Blättern; 10–15 cm hoch, Länge der Triebe bis 50 cm.
Blüte: Runde Einzelblüten zwischen den Blättern; weiß, rosa und fliederfarben.
Pflege: Regelmäßig gießen; verträgt kurzzeitige Trockenheit; regelmäßig düngen.
Verwendung: Für Ampeln und Ränder von Gefäßen.
Hinweis: Im Schatten meist weniger Blüten.

Sorten: 'Snowflake', weiß, robust; 'Lavender', fliederfarben.

Spanisches Gänseblümchen

Erigeron karvinskianus

 ☼–◐ ✿ 5–9 ≈ ♉

Natürliche Blütenschleier.

Wuchs: Überhängende, lange Triebe, reich verzweigt, 20–30 cm hoch.

Blüte: Gänseblümchenähnliche Blüten, die sich im Verblühen von Weiß nach Rosa bis Rot färben.

Pflege: Mäßig gießen; nur wenig düngen; Rückschnitt fördert den Neuaustrieb.

Verwendung: Für Hanging Baskets, in Ampeln und als lockerer Begleiter im Kasten.

Verbene

Verbena-Hybriden

 ☼ ✿ 5–9 ≈ ♉

Zuverlässig und pflegeleicht.

Wuchs: Breitbuschig aufrecht mit übergeneigten Randtrieben.

Blüte: Klein; rundlich; in doldenartigen Ähren an einem kräftigen Stiel.

Pflege: Regelmäßig gießen; hoher Nährstoffbedarf, der mit Langzeitdünger gedeckt werden kann; Rückschnitt fördert den Neuaustrieb.

Verwendung: Lückenfüller in Kästen und größeren Kübeln.

Hinweis: Schlechtes Wetter fördert Mehltau.

Zauberglöckchen

Calibrachoa »Superbells«-Serie

 ☼ ✿ 5–9 ≈ ♉

Kleine Petunien mit enormer Blühkraft.

Wuchs: Überhängend; dichtwüchsig; Triebe bis 50 cm lang.

Blüte: Klein; trichterförmig gestreckt; gelb, orange, rot, lila, pink.

Pflege: Regelmäßig, sparsam gießen; ideal für regengeschützte Standorte; schwach dosiert düngen.

Verwendung: Besonders hübsch in Ampeln.

Sorten: Superbells 'Orange', warmes Goldbronze, Unique 'Golden Yellow', sattes Gelb; Unique 'Light Red', Dunkelrosarot.

Zarte Duftwolken von Blüten und Blättern

Verwöhnt man die Nase mit feinen Düften, so macht sich eine besondere Sinnlichkeit auf dem Balkon breit und zugleich wird die Entspannung gefördert. Wer nämlich versucht, einen Duft wahrzunehmen, atmet tiefer und bewusster. Vom Frühling bis in den Herbst findet man duftende Schönheiten, sodass Sie sich nur noch überlegen müssen, welches Aroma Ihnen besonders zusagt. Lieber die blumigen Noten oder ein Hauch von Zitrone?

Wichtig ist, dass die Duftnoten gut zueinander passen.

Keinesfalls sollte man vor lauter Begeisterung alles vermischen, sondern lieber von Jahr zu Jahr eine neue Duftrichtung ausprobieren.

In den meisten Fällen duften die Blüten. Farblich sollten sie harmonisch in die Gesamtgestaltung eingebunden werden. Manchmal löst man die Duftwolken aber auch aus den Blättern, indem man mit der Hand sanft über das Laub streicht. Kleine Drüsenhaare werden bewegt und so die Aromen »für eine kleine Schnupperentspannung« freigesetzt.

Vanilleblumen, Duftwicken und Petunien umhüllen den Sitzplatz mit einem feinen Parfüm.

Duft-Pelargonie
Pelargonium-Hybriden

  ☼ 5–9 ≈ û

Duft von Zitronen, Rosen, Zimt und Pfefferminze.

Wuchs: Breitbuschig verzweigt; gestielt rundlich mehr oder weniger stark eingeschnittenes Laub, graugrün bis frischgrün; zum Teil behaart.

Blüte: Kleinblumig an gestielten Blütenständen.

Pflege: Mäßig gießen und düngen; Staunässe vermeiden; Rückschnitt möglich.

Verwendung: Als Solitär auf einer Säule; schön zu *Euphorbia*-Sorte 'Diamond Frost'.

Sorten/weitere Art: 'Orange Fizz', Zitronenduft; 'Clorinda', Eukalyptus- und Zedernduft; 'Pink Capitatum', fruchtiger Duft. *P. capitatum* 'Attar of Roses', Rosenduft.

Duftsteinrich
Lobularia maritima

↷ ☼–◑ ✿ 5–9 ≈ ⚱

Kleine Duftpolster als Begleiter.

Wuchs: Kleine kompakte Kissen, breitwüchsig.

Blüte: Winzige Einzelblüten nebeneinander in langen Trauben über dem Blattwerk; rosa, violett, weiß.

Pflege: Mäßig gießen und düngen; Rückschnitt im Hochsommer.

Verwendung: Zwischen Rosen, Leberbalsam und Präriekerzen.

Duftwicke
Lathyrus odoratus

↕ ☼   6–9 ≈ ⚱

Ein kletterndes Multitalent.

Wuchs: Rankend; blaugraues Laub; bis 2 m.

Blüte: Drei bis sieben große Schmetterlingsblüten pro Stiel; rot, rosa, violett, lila, weiß.

Pflege: Direktaussaat ab März im Haus möglich; regelmäßig gießen und düngen; Verblühtes abschneiden.

Verwendung: An kleinen Spalieren im Blumenkasten; an Wandspalieren oder Drahtkonstruktionen.

Sorten: 'Sugar 'n' Spice', kompakter Wuchs, 20 cm hoch, weiß bis kräftig pink; 'Midnight', schwarzrot; 'Chatsworth', fliederblau; 'Anthea Turner', zartrosa mit Weiß.

Elfenspiegel
Nemesia-Hybriden

⚘ 5–9

Zierlich und mit herrlichem Parfüm.
Wuchs: Lockere Büsche mit aufrechtem Wuchs; bisweilen leicht überhängende Triebe.
Blüte: Gespornte Rachenblüten an aufrechten Stielen; weiß, rosa, blau.
Pflege: Regelmäßig gießen und düngen; Staunässe vermeiden; gelegentlich ausputzen.
Verwendung: Zusammen mit Levkojen; zu Zauberglöckchen und Kapmargeriten.

Sorten: Mareto-Gruppe, blau, rosa, weiß; 'Karoo White', weiß; 'Improved Innocence', reinweiß, kompakter Wuchs.

Goldköpfchen
Chrysocephalum apiculatum 'Desert Flame'

⚘ 5–10

Trockenheitsliebende Neuheit mit Ananasduft.
Wuchs: Kompakt; buschig; bis 30 cm hoch; silbergraues Laub.
Blüte: Dicht in kleinen Dolden stehende Knöpfchen an kräftigen Stielen; goldgelb.
Pflege: Sonniger Standort; wenig gießen, mäßig düngen; Verblühtes abschneiden.
Verwendung: Als Dufterlebnis zwischen Sonnenblumen und Husarenknöpfchen; zu Lavendel.

Goldlack
Erysimum cheiri

⚘ 3–6

Der Duft des Frühlings.
Wuchs: Buschig; kompakt; 25–45 cm hoch.
Blüte: Rundlich, in dichten Trauben; gelb, orange, lila; zum Teil zweifarbig.
Pflege: Frühe Pflanzung möglich; regelmäßig gießen.
Verwendung: Zusammen mit Frühlingsmargeriten, Narzissen, Tulpen und Schleifenblumen.

Sorten: 'Winter Orchid', orangerote Blüten, angenehmer Duft; 'Winter Party', Veilchenduft, orangerote Blüten; 'Rysi Gold', goldgelb, duftend; 'Winter Joy', purpurlila, feiner Duft.

Lavendel

Lavandula angustifolia

  ☼ ✿ 7–8 ≈ ü

Der Duft der Provence.

Wuchs: Buschig; aufrechter Halbstrauch; Höhe zwischen 30 und 50 cm; graugrüne Blätter.

Blüte: Klein; lippenförmig; in verschiedenen Blautönen, Rosa und Weiß in Ähren auf kräftigen Stielen über dem Laub.

Pflege: Durchlässige Erde; leicht feucht halten; mäßig düngen; kräftiger Rückschnitt nach der Blüte.

Verwendung: Zu Rosen und Margeriten.

Levkoje

Matthiola incana

 ☼ ✿ 5–9 ≈ ⚳

Ein bunter Gruß aus dem Bauerngarten.

Wuchs: Aufrecht, schwach verzweigt, Topfsorten bis 20–50 cm hoch; Laub graugrün.

Blüte: Rundlich; in endständigen Trauben; rosa, weiß, cremegelb, rot, violett; zum Teil gefüllt.

Pflege: Anzucht aus Samen auf der Fensterbank; regelmäßig gießen und düngen; Verblühtes abschneiden.

Verwendung: Passt zu Spinnenblumen, Gartennelken, Gräsern und Schleierkraut.

Petunie

Petunia-Hybriden

 ☼–◐ ✿ 5–9 ≈ ⚳

Eine wüchsige, pflegeleichte Balkonpflanze.

Wuchs: Übergeneigte Triebe bis über 60 cm lang mit dunkelgrünen Blättern.

Blüte: Trichterförmig; dicht nebeneinander; auch gefüllt; in Pastelltönen, Rot, Pink, Lila und Weiß.

Pflege: Saure Erde verwenden; regelmäßig gießen und häufig düngen; bei gelben Blättern mit Eisenpräparat behandeln.

Verwendung: Für Ampeln mit Fächerblumen.

Sorte: Surfinia 'Sky Blue' (Bild), zartblaue Blüten, besonders feiner Duft.

Schokoladenblume
Cosmos atrosanguineus

↑   ☼   ✿ 6–10   ≈   ⚍

Ein einzigartiger Duft für Naschkatzen.

Wuchs: Locker buschig; verzweigt; bis 50 cm hoch; dunkelgrüne Blätter.

Blüte: Rund; offen; tief braunrot an kräftigen, verzweigten Stielen; duftet nach Schokolade.

Pflege: Gleichmäßig feucht halten; mäßig düngen; welke Blüten ausknipsen.

Verwendung: Zu braunroten Sonnenblumen und orangefarbenen Studentenblumen.

Sorte: 'Chocamocha' (Bild), gut verzweigte, dadurch blütenreiche Sorte.

Süßkraut, Aztekisches
Lippia dulcis

↶   ☼   ✿ 5–10   ≈   û

Mit feinem Honigduft und süßem Minzaroma.

Wuchs: Flach wachsend; überhängend; 20–25 cm hoch; spitz ovale, gezahnte Blätter, frischgrün; herrliches Aroma.

Blüte: Rundlich; klein; weiß; in dichten Ähren; intensiver Honigduft.

Pflege: Regelmäßig gießen; mäßig düngen; verträgt Rückschnitt.

Verwendung: Für Ampeln, unter Hochstämmchen und für Kastenränder.

Vanilleblume
Heliotropium arborescens

↰↗   ☼   ✿ 6–9   ≈   û

Wüchsige Schönheit.

Wuchs: Buschig; aufrecht; reich verzweigt; runzeliges, dunkelgrünes Blattwerk; Höhe zwischen 20 und 40 cm.

Blüte: Flache Trugdolde, aus stecknadelkopfgroßen Einzelblüten; helllila bis tiefdunkelblau.

Pflege: Regelmäßig gießen und düngen; Verblühtes abschneiden.

Verwendung: Für Kästen; zwischen Rosen.

Sorten: 'Incense', dunkle Blätter, lila Blüten; 'Marine', besonders dunkelblaue Blüten.

Wunderblume

Mirabilis jalapa

↑　　　☀　　　✿ 6–10　　　≈　　　Ⅱ

Nicht nur für Kinder ein Erlebnis.
Wuchs: Aufrecht; buschig verzweigt; bis 50 cm.
Blüte: Trompetenförmig; an Triebenden; gelb, pink, weiß;
zum Teil mit rosafarbener Marmorierung; Knospen öffnen sich
nachmittags.
Pflege: Aufzucht aus Samen auf einer warmen Fensterbank
ab Februar oder Knollen im Frühjahr in Töpfen ins Freiland
legen und bis zu den Eisheiligen vor Frost schützen; gleichmäßig feucht halten; regelmäßig düngen.
Verwendung: Solitär im Kübel.

Sorten: 'Broken Colours', bunte Mischung, guter Duft.

Ziertabak

Nicotiana alata

↑　　　☀　　　✿ 5–9　　　≈　　　Ⅱ

Pflegeleichter Dauerblüher.
Wuchs: Aufrecht; wenig verzweigt, 40–100 cm; dunkelgrüne
Blätter.
Blüte: Sternförmige Röhrenblüten; in dichten Trauben; weiß,
hellgelb, rosa, pink, lila.
Pflege: Regelmäßig gießen; hoher Nährstoffbedarf; welke
Blüten ausknipsen.
Verwendung: Ideale Ergänzung zu überhängenden Pflanzen
im großen Kasten.

Sorte: 'Eau de Cologne', Farbenmischung, 50 cm, duftend.

Zitronen-Thymian

Thymus × citriodorus

↪　　　☀　　　✿ 5–9　　　≈　　　ü

Hübsche gelb-grüne oder weiß-grüne Polster.
Wuchs: Kissenartige Polster; bis 15 cm; kleine Blättchen;
frischgrün, weiß oder gelb gezeichnet.
Blüte: Rosa Lippenblüten; sehr klein; in dichten Quirlen über
dem Laub.
Pflege: Durchlässige Erde; mäßig gießen; wenig düngen;
Rückschnitt fördert kompakten Wuchs.
Verwendung: Gelb gezeichnete Sorten zu gelb blühenden
Pflanzen; als Herbstbepflanzung.

Sorten: 'Silver Queen', weißer Saum an den Blättern; 'Golden Dwarf', gelb
umrandetes Laub.

Die Eroberer der dritten Dimension

Die Prunkwinde bildet eine dichte Blättertapete mit zahlreichen großen blauen Blüten, die für natürlichen Blickschutz und einen intimen Rahmen sorgt.

Der Platz auf dem Balkon ist begrenzt, sodass man versuchen muss, die Fläche optimal zu nutzen. Hierbei helfen die nach oben wachsenden Rank- und Schlingpflanzen, die wie eine lebendige Tapete ihre Blüten und Blätter präsentieren. Gleichzeitig eignen sich diese Schönheiten, wenn es darum geht, die lauschige Atmosphäre so zu gestalten, dass die Nachbarn nicht direkt auf den Tisch schauen können.

Mit einjährigen Kletterpflanzen kann man dichte oder eher etwas lockere Paravents gestalten. Der Vorteil: Im Winter, wenn man sich in der Wohnung aufhält und die Tage ohnehin kurz sind, werden die Pflanzen entfernt und lassen Licht in die gute Stube. Erst im Frühling wird neu bepflanzt. Darüber hinaus haben die Kletterpflanzen viel Blattwerk und eine entsprechend hohe Verdunstung. So verbessern die Pflanzen vor allem im Hochsommer das Klima, indem sie Wasser verdunsten und für eine angenehme Kühlung sorgen.

Man sollte die Rankhilfen aber nicht zu grob gestalten. Zum einen gilt es, die Proportionen zu wahren, zum anderen finden die Pflanzen keinen Halt, wenn die Spaliere aus breiten Leisten bestehen. Besser sind Drahtgitter oder Schnüre. Ein ausreichend großer Wurzelraum und ein Substrat, dass Wasser gut speichern kann, sind ebenfalls von Bedeutung, damit die Pflanzen im Hochsommer immer gut versorgt sind. Einige der Kletterpflanzen zeigen einen hübschen hängenden Wuchs, wenn man ihnen keine Rankhilfe gibt. So können sie auch in einer Ampel den Blick auf den Balkon verwehren.

Clematis Boulevard
Clematis-Hybride

↟   ☀–◗   ✿ 6–9   ≈   ü

Mehrjährige Kletterpflanze.
Wuchs: Kompakt kletternd bis 1 m, gleichmäßig belaubt.
Blüte: Große Sterne mit einem Durchmesser von 6–8 cm.
Pflege: Regelmäßig gießen, durch Rückschnitt den Neuaustrieb und die Blütenbildung wieder anregen.
Verwendung: Als Sichtschutz, benötigt ein Spalier zum Klettern.

Sorten: 'Hyde Hall', große weiße Blüte; 'Fleuri', Purpurviolett; 'Parisienne', blauviolett; 'Rebecca', weinrot.

Feuerbohne
Phaseolus coccineus

↟   ☀–◗   ✿ 6–9   ≈   ⚰

Der schnellste Kletterer.
Wuchs: Schlingend; klettert bis 3 m hoch; große dunkelgrüne Blätter.
Blüte: Kleine, scharlachrote Schmetterlingsblüten an überhängenden Blütenstielen; später Schoten, die man ernten und kochen kann.
Pflege: Kletterhilfe aus Draht, dünnen Bambusstäben oder Holz; regelmäßig gießen und düngen.
Verwendung: Sichtschutz für den Naschgarten; als schnelle, kostengünstige Lösung.

Glockenrebe
Cobaea scandens

↟   ☀   ✿ 7–10   ≈   ⚰

Ein Sonnenanbeter unter den Akrobaten.
Wuchs: Klettert rankend; bis 150 cm; gefiederte, hellgrüne Blätter.
Blüte: Glockenförmig; bis 5 cm lang; weißgrün, später violett; zahlreich.
Pflege: Unbedingt einen sonnigen, windgeschützten Platz wählen; zierliche Rankhilfen, an denen die Pflanze Halt findet; regelmäßig gießen und düngen.
Verwendung: Für einen romantischen Balkon.

Glockenwein
Thunbergia gregorii

↑ ☀ ❀ 7–10 ≈ ŵ

Blühfreudiger Himmelsstürmer.
Wuchs: Starkwüchsig schlingend; bis 3 m; große, grüne Blätter.
Blüte: Flache Blütenscheiben mit hellgrünen Kelchblättern; Durchmesser 4 cm, leuchtend orangerot.
Pflege: Regelmäßig gießen und düngen.
Verwendung: Für Obelisken und Spaliere.

Gloxinienwinde
Lophospermum scandens

↑ ☀–◑ ❀ 6–10 ≈ ¨

Zierliche Eleganz auch für den Halbschatten.
Wuchs: Rankend; bis 3 m hoch; herzförmiges, frischgrünes Laub.
Blüte: Röhrenblüten mit einer Länge von 3–4 cm; weiß, rosa, blauviolett, meist mit weißem Schlund.
Pflege: Windgeschützter Standort; mehrere Exemplare zusammenpflanzen; zierliche Kletterhilfe; regelmäßig gießen und düngen.
Verwendung: Für Spaliere oder Säulen; auch in Ampeln hübsch.

Weitere Art: *Maurandya barclaiana*, größere Blüten, purpurrot, auch rosa oder lila.

Helmbohne, Faselbohne
Lablab purpureus

↑ ☀ ❀ 7–9 ≈ ¨

Wärmeliebender Kletterer mit tollen Früchten.
Wuchs: Schlingend; dicht; 2–4 m; große Blätter.
Blüte: Violette oder weiße Schmetterlingsblüte; später dekorative purpurne bis dunkelviolette, 7 cm lange flache Bohnenhülsen.
Pflege: Sonnige, warme Standorte; senkrechte Kletterhilfe; regelmäßig gießen und düngen.
Verwendung: Auf einem Naschbalkon; zu fliederfarbenen Balkonblumen.

Hopfen, Japanischer
Humulus japonicus

↕ ☀–● ✿ 8–9 ≈ ⚊

Eine dichte, anspruchslose Blatttapete.
Wuchs: Schlingend; bis zu 4 m hoch; große, handförmig gelappte Blätter an langen Stielen.
Blüte: Unscheinbar im Spätsommer.
Pflege: Bei Trockenheit gießen; verblühte Triebe zurückschneiden, um die Blüte zu verlängern.
Verwendung: Ideal für schattige Plätze und sehr wüchsig; grüne Wände als Kulisse für helle Blüten, z.B. von Prachtspieren oder Hortensien.

Sorte: 'Variegatus', weiß-grüne Blätter.

Kanarische Kresse
Tropaeolum peregrinum

↰/↕ ☀–◑ ✿ 7–10 ≈ ⚊

Das Sinnbild von Leichtigkeit.
Wuchs: Schlingend; bis 4 m lang; kleine grüne Blätter; Form ähnlich wie Feigenblätter.
Blüte: Gefranst; mit hakenförmigem Sporn; 2–3 cm groß; zitronengelb mit roten Punkten.
Pflege: Reichlich gießen; regelmäßig düngen; Jungpflanzen entspitzen, damit sie auch in die Breite wachsen.
Verwendung: Für Ampeln, Obelisken und Gitter.

Mandeville
Mandevilla-Hybriden

↕ ☀–◑ ✿ 5–10 ≈ û

Auffällige Sommerschönheit.
Wuchs: Schlingend; bis zu 100 cm; große, glänzend grüne Blätter.
Blüte: Trichterförmig; Durchmesser bis 6 cm; rosa, weiß, rot, meist mit gelbem Grund.
Pflege: Halbschattige, aber warme Plätze; regelmäßig gießen und düngen; im zeitigen Frühling zurückschneiden.
Verwendung: Vor Balkonwänden oder am Geländer als auffälliger Schmuck.

Sorte/Art: 'Sundaville Red', rote Blüten, robust. *M. laxa*, weiße Blüten.

Prunkwinde
Ipomoea tricolor

↥ ☀ ✿ 7–9 ≈ ⚱

Einzigartig blaue Blüten.
Wuchs: Schlingend; klettert bis 3 m; große, herzförmige Blätter.
Blüte: Trichterförmig; Durchmesser bis 10 cm; himmelblau, stahlblau oder karmesinrot mit weißem Schlund.
Pflege: Sonniger, windgeschützter Standort; nährstoffreiche Erde; gleichmäßig feucht halten und regelmäßig düngen.
Verwendung: Dekorativer, dichter Sichtschutz.

Sorte: 'Scarlet O'Hara', karmesinrote Blüten.

Schönranke
Eccremocarpus scaber

↰/↑ ☀ ✿ 7–10 ≈ ⚱

Zierlicher Himmelsstürmer.
Wuchs: Buschig kletternd mit Blattranken; bis 3 m hoch; doppelt gefiederte Blätter.
Blüte: Röhrenförmig mit leichtem Bauch; in lockeren, bis zu 15 cm langen Trauben; Einzelblüten ca. 3 cm lang; gelb, orange- und karmesinrot.
Pflege: Nährstoffreiche Erde; nicht vor Ende Mai auspflanzen; regelmäßig gießen und düngen.
Verwendung: Für gelbe Balkongestaltungen; dichter Sichtschutz in der prallen Sonne.

Schwarzäugige Susanne
Thunbergia alata

↥ ☀ ✿ 7–10 ≈ ⚱

Wärmeliebender Schlinger.
Wuchs: Schlingend kletternd: bis 2 m; länglich herzförmige Blätter, dunkelgrün.
Blüte: Trichterförmig; weit geöffnet; orange, hellgelb, weiß mit schwarzem Auge.
Pflege: Windgeschützter, sonniger Platz; regelmäßig gießen und düngen.
Verwendung: Für Obelisken, Töpfe auf Säulen.

Sorten: 'Orange Beauty', orange; 'Lemon Star', zitronengelb; 'African Sunset', ockergelb mit karminroter Sprenkelung; 'White Eye', weiß.

Sternwinde
Ipomoea quamoclit

🌱 ☼ ✿ 7–10 ≈ ♨

Pflegeleichter, dichter Spalierbewuchs.

Wuchs: Schlingend kletternd; bis 4 m; tief gebuchtete, dunkelgrüne Blätter.

Blüte: Zungenförmig; an bis 40 cm langen Rispen; Knospen rot, im Aufblühen orange, später cremefarben.

Pflege: Mäßig gießen; Staunässe vermeiden; wöchentlich düngen.

Verwendung: Kulisse für eine gelb-orangefarbene Gestaltung.

Wicke, Breitblättrige
Lathyrus latifolius

🌱 ☼–◐ ✿ 7–9 ≈ ü

Die mehrjährige Schwester der Duftwicke.

Wuchs: Rankend kletternd; bis 250 cm hoch; graugrüne Blätter.

Blüte: Zierliche Schmetterlingsblüte in lockeren Rispen an langen, kräftigen Stielen; hellrosa, weiß.

Pflege: Reichlich wässern und düngen; im Herbst zurückschneiden; im Frühling in frische Erde topfen.

Verwendung: Für vertikale Akzente vor sonnigen Wänden.

Zierkürbis
Cucurbita pepo

🌱 ☼ ✿ 7–9 ≈ ♨

Bunte Früchte im Herbst.

Wuchs: Kletternd mithilfe von Ranken; bis 5 m hoch; 10–20 cm große Blätter an kräftigen Stielen.

Blüte: Trichterförmige, große, gelbe Blüten; später dekorative Früchte.

Pflege: Großer Wurzelraum erforderlich (Kübel); regelmäßig gießen und düngen; Rankgitter erforderlich.

Verwendung: Für den ländlichen Balkon.

Grünes Blattwerk rund ums Jahr

Der jahreszeitliche Wechsel der Bepflanzung auf dem Balkon bringt immer wieder einen erfrischenden Tapetenwechsel mit sich. Doch gleichzeitig macht er auch viel Arbeit. Weniger Zeit kosten ausdauernde, immergrüne Pflanzen. Sie stammen aus den Sortimenten der Gehölze und der ausdauernden Stauden. Mit diesen Pflanzen, die zum Teil mit unterschiedlichen Grüntönen und mit besonderen Strukturen auf sich aufmerksam machen, kann man auf dem Balkon eine Kulisse gestalten, die lange erhalten bleibt.

Der Vorteil dieser Pflanzen besteht darin, dass sie entweder sehr langsam wachsen oder schnittverträglich sind. Allerdings bewährt es sich, die Pflanzen immer mal wieder in frische Erde zu setzen. Die Dauerbepflanzung sollte dennoch etwas Platz für ein paar kleine, farbige Akzente lassen. Damit der Wechsel in der Dauerbepflanzung keine Probleme aufwirft, plant man in die Kübel und Balkonkästen Platzhalter in Form eines ausreichend großen Topfes ein. In diesen werden Frühlings-, Sommer- oder Herbstblüher gepflanzt.

Buchsbaum und Kiefern bilden eine dauerhafte grüne Kulisse, die durch Sonnenhut und Studentenblumen lebendige Farbtupfer erhält.

Bambus, Garten-
Fargesia murieliae

↑   ◐—●   ✿ –   ≈   ü

Für asiatisches Flair.

Wuchs: Aufrecht; buschig; Triebe dicht belaubt, längliche, frischgrüne Blätter; bis 150 cm hoch.

Blüte: Unbedeutend.

Pflege: Windgeschützte Standorte; bei Trockenheit wässern; regelmäßig düngen.

Verwendung: Als Solitär; guter Sichtschutz.

Sorten für kleine Kübel bis 20 l: 'Eala', breitwüchsig; 'Bimbo', hellgrüne Blätter.
Sorte/weitere Art für größere Kübel: 'Schwan', dicht und gleichmäßig belaubt. *F. nitida* 'Fontäne', gut in der Sonne.

Bergenie
Bergenia-Hybriden

↑   ☼—●   ✿ 3–5   ≈   ü

Anpassungsfähige Staude mit Winterfärbung.

Wuchs: Dichte Blattrosetten; immergrün; rundliche bis herzförmige, gestielte Blätter.

Blüte: Trugdolden mit kleinen Blüten in verschiedenen Rosatönen oder in Weiß.

Pflege: Anspruchslos; bei mehrjähriger Kultur umtopfen.

Verwendung: Mit Efeu und wintergrünen Gräsern.

Sorten: 'Rosenkristall', rosa blühend, reichblütig; 'Harzkristall', kompakter Wuchs, reinweiße Blüten.

Buchsbaum
Buxus sempervirens

⚘   ☼—●   ✿ –   ≈   ü

Immergrünes Formschnittgehölz.

Wuchs: Dicht buschig; verholzend; kleine, elliptische, immergrüne Blätter; glänzend.

Blüte: Unscheinbar.

Pflege: Gutes Substrat (z.B. Kübelpflanzenerde) verwenden; mit Buchsbaumdünger regelmäßig versorgen; gleichmäßig feucht halten.

Verwendung: Als Rahmen für einen Kasten; für einen Formschnitt geeignet.

Sorten: 'Blauer Heinz', blaugrünes Laub; 'Herrenhausen', kleinlaubig.

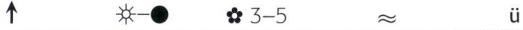

Efeu
Hedera helix

 ☀—● ✿ – ≈ ü

Formenreiches, anspruchsloses Klettergehölz.
Wuchs: Lange, überhängende, meist wenig verzweigte Triebe; unterschiedliche Größen und Lappungen; grün mit weißer oder gelber Marmorierung oder Zeichnung; Blattadern auffällig hell.
Blüte: Nur bei alten Pflanzen.
Pflege: Gleichmäßig feucht halten; mäßig düngen; Rückschnitt möglich.
Verwendung: Zu Bergenien; Immergrün und Purpurglöckchen; für Ampeln, Kübel und Kästen.

Günsel
Ajuga reptans

☀—◑—● ✿ 4–5 ≈ ü

Dicht wachsende, bodendeckende Staude.
Wuchs: Niederliegende Ausläufer mit löffelförmigen Blättern; grün oder purpurfarben; wintergrün; wertvoller Bodendecker.
Blüte: Scheinähren mit kleinen Blüten; weiß, rosa, blau.
Pflege: Pflegeleicht; gelegentlich gießen.
Verwendung: Unterpflanzung von Topfgehölzen; zu Zwiebelblumen.

Sorten: 'Atropurpurea', dunkelpurpurfarbenes Laub, blaue Blüte; 'Burgundy Glow' (Bild), weißbuntes Laub mit rötlichem Hauch, blaue Blüten.

Immergrün
Vinca minor

 ☀—● ✿ 4–6 ≈ ü

Bodendeckende, schattenverträgliche Staude.
Wuchs: Überhängende, lange Triebe; Höhe bis 15 cm; spitz elliptische Blätter; dunkelgrün, leicht glänzend; immergrün.
Blüte: Fünfzählig; rund angeordnet; violett, weiß, purpurfarben.
Pflege: Nährstoffreiche Erde; leicht feucht halten; regelmäßig düngen.
Verwendung: Mit Frühlingsblühern, unter Hochstämmchen; zwischen Gräsern.

Krummholz-Kiefer

Pinus mugo 'Mops'

↜↗ ☀–◑ ✿ – ≈ ü

Klein bleibendes Nadelgehölz.

Wuchs: Kugelig; dicht buschig; lange, dunkelgrüne Nadeln.

Blüte: Unbedeutend.

Pflege: Durchlässige Erde; regelmäßig gießen; mäßig düngen.

Verwendung: Für Dauerstrukturen im größeren Balkonkasten oder im Kübel. Zusammen mit Immergrün, Günsel
und Frühlingsblühern.

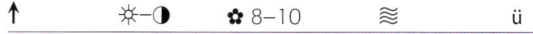

Lilientraube

Liriope muscari

↑ ☀–◑ ✿ 8–10 ≈ ü

Evergreen mit herbstlichen Blüten.

Wuchs: Horste mit grasartigen Blattschöpfen, frischgrün,
20–40 cm hoch.

Blüte: Klein; sternförmig; perlenförmige Knospen; auf kräftigen
Stielen in endständigen Trauben; feiner Duft.

Pflege: Kalkarmes Substrat (z.B. für Kamelien); reichlich
gießen, auch im Winter; im Frühling düngen.

Verwendung: Zwischen Purpurglöckchen, Schaumblüte und
Lungenkraut.

Mühlenbeckie

Muehlenbeckia complexa

↶ ☀–● ✿ – ≈ ü/û

Für dekorative kleine Rankhilfen.

Wuchs: Überhängende, bis 60 cm lange, drahtige Triebe;
kleine, rundliche Blätter; immergrün.

Blüte: Unscheinbar.

Pflege: Gleichmäßig feucht halten; an Rankhilfen befestigen;
verträgt Rückschnitt; in mildem Klima und geschützten Lagen
winterhart.

Verwendung: Unterpflanzung von Kleingehölzen im Kübel;
als Bewuchs für dreidimensionale Figuren aus Maschendraht.

Sorte: 'Auslese', kräftig im Wuchs, großblättrig.

Purpurglöckchen
Heuchera-Hybriden

🏵 ☼–● ✿ 6–9 ≈ ü

Blattschmuck mit intensiver Farbkraft.
Wuchs: Horstartig; Höhe bis 30 cm; Laub rundlich gelappt bis ahornähnlich; gewellte Blattränder; zum Teil auffällige Herbstfärbung.
Blüte: Klein; an kräftigen Stielen; weiß, rosa.
Pflege: Regelmäßig gießen; gelegentlich düngen; Rückschnitt im Frühling.
Verwendung: Zu Gräsern, Herbstastern und Erika.

Sorten: 'Strawberry Swirls', minzgrün mit silbriger Mitte; 'Velvet Night', purpurfarbenes Laub mit silbrigem Überzug.

Scheinbeere
Gaultheria procumbens

🏵 ● ✿ 7–8 ≈ ü

Zwergstrauch mit Beeren im Herbst und Winter.
Wuchs: Niederliegend; dichter Teppich mit unterirdischen Ausläufern, Höhe 15 cm; kleine, elliptische Blätter, ledrig, grün.
Blüte: Krugförmig; klein; weiß bis rosa; später rote, 1 cm große Beeren.
Pflege: In frisches, humoses Substrat pflanzen; gleichmäßig feucht halten.
Verwendung: Zu kleinen Azaleen, mit Purpurglöckchen, Schaumblüte und Lungenkraut.

Schlangenbart
Ophiopogon japonicus

🏵 ◐–● ✿ 6–8 ≈ ü

Grasartiges, trockenheitsverträgliches Gewächs.
Wuchs: Grasartige Horste; 10–15 cm hoch; riemenförmiges, ledriges Laub, dunkelgrün.
Blüte: Kleine, hellviolette bis weiße Glöckchen in lockeren Trauben; später schwarzblaue Beeren.
Pflege: Staunässe vermeiden.
Verwendung: Schließt offene Flächen im Kübel oder Kasten; mit Frühlingsblühern kombinieren.

Sorte/weitere Art: 'Minor', 5–10 cm hoch. *O. planiscapus* 'Nigrescens', fast schwarzes Laub, 15–20 cm.

Segge, Japan-

Carex morrowii 'Ice Dance'

🌱↗   ☀–●   ✿ 4–6   ≈   ü

Pflegeleichtes Gras für Sonne und Schatten.
Wuchs: Dicht buschig; bis 30 cm hoch; leicht gebogene,
breite Halme; hellgrün mit weißem Saum.
Blüte: Unauffällig gelb; auf dunkelbraunen Ähren.
Pflege: Sehr anpassungsfähig.
Verwendung: Zusammen mit Prachtspieren, Efeu, Günsel
und Purpurglöckchen; zu Narzissen für den Frühling.

Weitere Sorte: 'Aurea Variegata', grün-gelbe Halme.

Wacholder, Zwerg-

Juniperus communis 'Blue Carpet'

🌱↗   ☀–◐   ✿ –   ≈   ü

Dichter Bodendecker für den Halbschatten.
Wuchs: Flach überhängend; dicht; kurze, blaugrüne Nadeln.
Blüte: Unbedeutend.
Pflege: Nicht zu kleine Gefäße wählen; durchlässige Erde;
regelmäßig gießen; mäßig düngen; verträgt Rückschnitt.
Verwendung: Füllt größere und tiefe Balkonkästen.

Wolfsmilch

Euphorbia-amygdaloides-Hybriden

↑   ☀–◐   ✿ 3–6   ≈   ü

Eine Staude mit extravaganten Blüten.
Wuchs: Aufrecht buschig mit unverzweigten Einzeltrieben,
rotstielig, Höhe 40–50 cm; längliche, dunkelgrüne Blätter;
zahlreich an den Trieben; im Winter roter Schimmer.
Blüte: Klein; gelbgrün; in dichten Rispen.
Pflege: Nährstoffreiche, durchlässige Erde; feucht halten;
mäßig düngen; Rückschnitt nach der Blüte.
Verwendung: Solitär im Kübel; zusammen mit Lungenkraut
und Purpurglöckchen.

Sorten: 'Efanthia' (Bild), rötlich im Austrieb, Winterfärbung rot; 'Despina',
türkisblaues Laub, kompakter Wuchs.

Farbenfrohes Frühlingserwachen

Spätestens Ende Februar macht sich in Sachen Winter Frust breit. Grau, matschig und kalt waren die letzten Wochen. Was jetzt hilft, um aus dem Tief herauszukommen, sind die Farbtupfer auf Balkon und Terrasse. Ein einziger Topf mit Primeln kann wahre Wunder wirken. Oder mögen Sie es zum Frühlingsanfang doch schon etwas üppiger? Ein oder zwei bepflanzte Kästen oder eine Schale begrüßen den Frühling. Schließlich kann man die Pracht bei jedem Blick nach draußen genießen, und so manche sonnige Mittagsstunde ist

schon warm genug, um sich, eingemummelt in eine kuschelige Decke, an die frische Luft zu setzen.

Die Auswahl für den Start in die Saison ist groß. Wichtig ist, dass man nicht nur auf einzelne große Blüten wie die von Tulpen oder Hyazinthen setzt, denn die Witterung ist jedes Jahr anders. Wenn es einmal für zwei oder drei Tage richtig warm ist, verabschiedet sich die großblumige Blütenpracht rasch. Also setzen Sie auch auf Blattschmuck-Schönheiten und kleinblumige Begleiter, die die Wochen bis zu den Eisheiligen füllen.

Die niedrigen weißen Blüten von Schleifenblumen und Maßliebchen strahlen von unten die feuerroten Tulpen und Ranunkeln an und verleihen ihnen eine frische Note.

Akelei
Aquilegia-Hybriden

⋏⋎↗   ☀–◑   ✿ 3–5   ≈   ü

Zarte Schönheit, die in die Höhe strebt.

Wuchs: Horst mit zarten, stumpfgrünen Blättern; 30 cm hoch.

Blüte: Gespornte, nickende Blüten; an verzweigten Stielen über dem Laub; ein- oder zweifarbig, weiß, rot, gelb, rosa, violett.

Pflege: Regelmäßig gießen.

Verwendung: Natürliche Wirkung, passt zu Lerchensporn, Schaumblüte und Günsel.

Sorten: 'Spring-Magic'-Serie (Bild) in Marine-Weiß, Blau-Weiß, Hellrot-Gelb, Hellrot-Weiß und Weiß.

Bergenie
Bergenia-Hybriden

↑   ☀–●   ✿ 3–5   ≈   ü

Blütenzauber mit großem, dekorativem Laub.

Wuchs: Dichte Blattrosetten, die sich über einem flach kriechenden Wurzelstock ausbreiten; immergrün; rundliche bis herzförmige.

Blüte: Trugdolden mit kleinen Blüten in verschiedenen Rosatönen oder Weiß.

Pflege: Anspruchslos; bei mehrjähriger Kultur umtopfen und kräftig zurückschneiden.

Verwendung: Mit Efeu und wintergrünen Gräsern.

Sorten: 'Rosenkristall', rosa blühend, reichblütig; 'Harzkristall', kompakter Wuchs, reinweiße Blüten.

Blausternchen
Scilla bifolia

↑   ☀–◑   ✿ 3–5   ≈   ü

Zierliche, pflegeleichte Zwiebelblume.

Wuchs: Zwei riemenförmige Blätter mit Blütenstiel in der Mitte; dicht gepflanzt ergibt sich ein rasenartiger Wuchs; 10 cm hoch.

Blüte: Nickende Sternchen in einer lockeren Traube.

Pflege: Anspruchslos; mehrjährig.

Verwendung: Begleiter zwischen Hornveilchen, immergrünen und winterharten Balkonpflanzen.

Frühlingsmargerite
Leucanthemum hosmariense

⚜ ☀ ❀ 3–6 ≈ ü

Blühfreudige, robuste Frühlingserscheinung.
Wuchs: Kompakte, kleine Kissen aus silbrigem, feingliedrigem Laub; Höhe bis 20 cm.
Blüte: Margeritenförmig; weiß; groß.
Pflege: Gelegentlich gießen; Nässe vermeiden; bei mehrjähriger Kultur im Sommer kräftig zurückschneiden und düngen.
Verwendung: Passt gut zu Tulpen und Narzissen.

Sorte: 'Flirt', großblumig, kräftige Stiele.

Günsel
Ajuga reptans

⚜ ☀–● ❀ 4–5 ≈ ü

Farbträger durch wüchsige Blätter.
Wuchs: Niederliegende Ausläufer mit löffelförmigen Blättern; wertvoller Bodendecker; winterhart.
Blüte: Scheinähren mit kleinen Blüten; weiß, rosa, blau.
Pflege: Pflegeleicht; gelegentlich gießen.
Verwendung: Unterpflanzung von Topfgehölzen; zu Narzissenzwiebeln bereits im Herbst pflanzen.

Sorten: 'Burgundy Glow', weißbuntes Laub mit rötlichem Hauch, blaue Blüten; 'Mahagoni', purpurfarbenes glänzendes Laub.

Hornveilchen
Viola-Cornuta-Hybriden

⚜ ☀–◐ ❀ 2–6 ≈ ⚵

Die kleine Schwester des Stiefmütterchens.
Wuchs: Halbkugelige, kleine Büsche; 10–20 cm hoch.
Blüte: Typische Stiefmütterchenblüten; 2 cm Durchmesser; feine Zeichnung, in vielen Farben; auch als Mischung.
Pflege: Gleichmäßig feucht halten und ab April gelegentlich düngen, um die Blütezeit zu verlängern.
Verwendung: Für Ampeln und Balkonkästen; zusammen mit Primeln, Vergissmeinnicht und Maßliebchen.

Hyazinthe
Hyacinthus orientalis

↑   ☀–◑   ✿ 3–5   ≈   ⚰

Üppige Blüten mit kräftigem Parfüm.

Wuchs: Blattrosette, die aus der Zwiebel wächst; breite, riemenförmige Blätter; ca. 20 cm hoch.

Blüte: Sternförmig, in dichten, walzenförmigen Trauben; blau, weiß, violett, rosa, rot, apricotfarben, gelb.

Pflege: Regelmäßig gießen; kräftige Blütenstiele mit kurzem Splintstab stützen.

Verwendung: Mehrere Zwiebeln zusammen mit Vergissmeinnicht und Hornveilchen.

Lerchensporn
Corydalis flexuosa

🜂   ☀–●   ✿ 3–5   ≈   ü

Eine duftende Überraschung für den Frühling.

Wuchs: Zierliche Horste mit filigranen Blättern.

Blüte: Rispen mit länglich gespornten Blüten in Himmelblau.

Pflege: Regelmäßig gießen; mehrjährig, zieht aber im Sommer ein.

Verwendung: Zu Schaumblüte, Lungenkraut und Primeln.

Sorte: 'Purple Leaf' (Bild), schokoladenbraunes Laub.

Lippenmäulchen
Mazus reptans

🜂   ☀   ✿ 3–5   ≈   ⚰

Exotische Blüten einer anspruchslosen Pflanze.

Wuchs: Kleine Kissen, die kriechend in die Breite wachsen; reich verzweigt; frischgrüne Blätter.

Blüte: Trichterförmig mit langer Unterseite, die wie ein Fähnchen aussieht; in Blauviolett.

Pflege: Pflegeleicht, regelmäßig gießen.

Verwendung: Für Ampeln; zwischen Zwiebelblumen; zusammen mit Gräsern.

Sorte: 'Albus', weiß.

Lungenkraut
Pulmonaria-Hybriden

〜🏹 ☀–● ✿ 3–5 ≈ ü

Blütenschmuck und zugleich auffälliges Laub.
Wuchs: Horste aus dichten, breit lanzettförmigen Blättern mit weißen Tupfen oder silbriger Zeichnung; mehrjährig.
Blüte: Endständige Trauben mit trichterförmigen Blüten, die zunächst rot, später blau sind.
Pflege: Regelmäßig gießen; anspruchslos.
Verwendung: Unterpflanzung von Frühlingsgehölzen; zu Akelei und Gräsern.

Sorten: 'Silver Bouquet', auffällig silbriges Laub, Blüten kompakt, rosa, später blau; 'Trevi Fountains' (Bild), silbrig gefleckte Blätter, kurze azurblaue Blütenrispen.

Maßliebchen
Bellis-Hybriden

〜🏹 ☀ ✿ 3–5 ≈ ⚰

Das gefüllte, großblumige Gänseblümchen.
Wuchs: Kleine Horste aus frischgrünen Blättern; Höhe etwa 10 cm.
Blüte: Wie Gänseblümchen in Groß, auf kräftigem Stiel; gefüllt oder halbgefüllt; rosa, rot, weiß.
Pflege: Regelmäßig gießen; pflegeleicht.
Verwendung: Idealer Partner zu Hornveilchen, Vergissmeinnicht, Primeln und Narzissen.

Narzisse
Narcissus-Hybriden

↑ ☀–◑ ✿ 2–5 ≈ ü

Vielgestaltige Zwiebelblume.
Wuchs: Ein- oder mehrtriebig aus der Zwiebel; riemenförmige Blätter; 20–50 cm; mehrjährig.
Blüte: Zweiteilig bestehend aus einem sternförmigen Blütenkranz und einer trompeten- bis tellerförmigen Nebenkrone; weiß, gelb, lachsfarben, orange; zum Teil zweifarbig.
Pflege: Pflanzung im Herbst; im Frühling gießen.
Verwendung: Zusammen mit Vergissmeinnicht, Hornveilchen, Hyazinthen und Primeln.

Primel

Primula-Hybriden

☼–◑ ✿ 2–5 ≈

Ein Muss zwischen Februar und April.

Wuchs: Blattrosetten; frischgrünes, runzeliges Laub; bis 15 cm hoch.

Blüte: Rund; tellerartig; kurz gestielt oder als gestielte Dolde; gelb, rot, orange, violett, weiß, rosa; meist gelbe Mitte; zum Teil gefüllt.

Pflege: Gleichmäßig feucht halten; Verblühtes entfernen.

Verwendung: Passt zu Traubenhyazinthen, Narzissen und Lungenkraut.

Ranunkel

Ranunculus asiaticus

↑ ☼–◑ ✿ 3–5 ≈

Kraftvolle Farbtupfer im Frühling.

Wuchs: Dichte Blattbüschel aus Knollen; mattgrüne Blätter.

Blüte: Kugelförmig gefüllt; auf kräftigen Stielen; rot, rosa, gelb, weiß, orange.

Pflege: Regelmäßig wässern; Staunässe vermeiden; bei Frost mit einem Karton schützen.

Verwendung: Hübscher Blickfang zusammen mit Primeln, Schöterich, Vergissmeinnicht und Schleifenblume.

Schaumblüte

Tiarella-Hybriden

◑–● ✿ 3–4 ≈ ü

Lockerer Blütenschmuck ohne Aufwand.

Wuchs: Buschige Horste mit herzförmig gelappten Blättern, frischgrün mit schwarzroter Mittelzeichnung; Höhe 15–25 cm; mehrjährig.

Blüte: Sternförmig in dichten Kerzen über dem Laub; Knospe rosa überhaucht; Blüte weiß.

Pflege: Regelmäßig gießen.

Verwendung: Ideal zu Lerchensporn, Akelei und Schöterich.

Sorten: 'Snowblanket', früh blühend; 'Morning Star', feines Laub, elegante Blüten, Nachblüte bis in den Sommer.

Schleifenblume
Iberis-Hybriden

🐦 ☀ ❀ 3–5 ≈ ü

Überbordende, weiße Blütenpracht.
Wuchs: Breitbuschig; polsterförmig mit holzigen Trieben; dunkelgrünes Laub; immergrün; 15–25 cm hoch; mehrjährig.
Blüte: Dichte endständige Trugdolden; weiß.
Pflege: Regelmäßig gießen; Rückschnitt nach der Blüte möglich, wenn man die Pflanzen mehrjährig hält.
Verwendung: Für Dauerbepflanzung; zu Primeln, Narzissen und Traubenhyazinthen.

Sorte: 'Snowball', kompakter Wuchs, früh blühend.

Schöterich
Erysimum-Hybriden

🐦 ☀-◑ ❀ 3–6 ≈ ü

Robuster Dauerblüher.
Wuchs: Buschig; kompakt; 25–45 cm hoch.
Blüte: Rundlich, in dichten Trauben; gelb, orange, purpurfarben, lila; auch zweifarbig.
Pflege: Frühe Pflanzung möglich; regelmäßig gießen.
Verwendung: Zusammen mit Primeln, Frühlingsmargeriten, Schaumblüten und Schleifenblumen.

Sorten: 'Orange Zwerg', orange blühend, niedrig kompakt; 'Poem Lilac', fliederfarben, lange Blüte; 'Winterparty', ausgeprägtes Farbspiel von Orange bis Violett; 'Rysi Gold', goldgelb, duftend.

Stiefmütterchen
Viola × wittrockiana

🐦 ☀-◑ ❀ 3–6 ≈ ü

Ein Klassiker mit Erfolgsgarantie.
Wuchs: Buschige, reich verzweigte Horste; kräftig grüne, breit ovale Blätter; Höhe 10–30 cm.
Blüte: Fünf verschieden große Blütenblätter, die an ein Gesicht erinnern; 5–8 cm groß.
Pflege: Regelmäßig gießen; bei Herbstpflanzung im Winter abdecken.
Verwendung: Zwischen Tulpen, Narzissen und Primeln.

Traubenhyazinthe

Muscari armeniacum

↑   ☼–◐   ✿ 3–4   ≈   ü

Anspruchslose Zwiebelblume.

Wuchs: Mehrtriebig, horstartig aus grasgrünen, riemen-
förmigen Blättern; mehrjährig; 15–20 cm hoch.

Blüte: Perlförmig in kegelförmigen Trauben über dem Laub;
kräftige Stiele; blau, weiß.

Pflege: Pflanzung im Herbst.

Verwendung: In einer Dauerbepflanzung mit Immergrünen;
zu Maßliebchen, Primel und Schleifenblume.

Tulpe

Tulipa-Hybriden

↑   ☼–◐   ✿ 3–5   ≈   ⱨ

Problemlose, farbenfrohe Zwiebelpflanze.

Wuchs: Eintriebig aus der Zwiebel; blaugrüne breite, lanzettliche Blätter am Stiel; 15–50 cm.

Blüte: Becherförmige Kelche auf kräftigem Stiel; unterschiedliche Formen und Größen; zum Teil gefüllt; rosa, gelb, weiß,
rot, orange, lila, schwarz-rot.

Pflege: Pflanzung im Herbst möglich; regelmäßig gießen.

Verwendung: Solitär in Kübeln; farblich passend zu Primeln,
Hornveilchen und Maßliebchen.

Vergissmeinnicht

Myosotis sylvatica

↖↗   ☼–◐   ✿ 3–5   ≈   ⱨ

Zarte Blütenschönheit mit Ausdauer.

Wuchs: Breitwüchsige Horste mit rauen, löffelförmigen
Blättern; Höhe 10–20 cm.

Blüte: Klein; rundlich; in lockeren Trauben über dem Laub;
in verschiedenen Blautönen, Weiß und Rosa.

Pflege: Regelmäßig gießen; Verblühtes abschneiden.

Verwendung: Hübsch zu Primeln; als Unterpflanzung von
Frühlingsgehölzen.

Das Fest der Farben zum Ende der Saison

Der Sommer ist vorbei, aber die Sonnenstrahlen können noch bis in den Oktober richtig Kraft haben. Es wäre zu schade, jetzt schon mit dem Einwintern des Balkons zu beginnen. Mit einigen farbenfrohen Akzenten lassen sich noch herrliche Kompositionen gestalten, die dann über manche Schlechtwetterlage hinwegtrösten.

Die sommerliche Vielfalt wird durch große und eindrucksvolle Farbtupfer ersetzt. Vor allem Astern und Chrysanthemen geben jetzt den Ton an. Die klaren Farben der Blüten vermischen sich mit den silbrigen Strukturen von Blattschmuckpflanzen, die im Herbst ihren besonderen Auftritt haben. Sie legen sich wie die Nebelschleier zwischen die Blumen. Neben dem reinen Blumen- und Blattschmuck gehören reife Früchte in dieser Saison zu den wichtigen Dekorationselementen. Mit dicken orangefarbenen Kürbissen, roten Äpfeln und braunen Nüssen kann man fast jede Pflanzenkombination bereichern. Auch ein paar auffällig gefärbte Herbstblätter unterstützen die Farbgestaltung.

Herbst-Chrysanthemen geben zum Jahresausklang den Ton an. Passende Begleiter sind u. a. Seggen *(Carex)*, Zierkohl und Stiefmütterchen.

Alpenveilchen
Cyclamen persicum

🖑   ☀–◑   ✿ 8–11   ≈   û

Widerstandsfähige Blütenschönheit.
Wuchs: Dichte Horste kräftig gestielter Blätter; Laub herz-
förmig, stumpfgrün, hell gezeichnet.
Blüte: Kreisförmig angeordnete, zurückgeschlagene Blüten-
blätter; einzeln an braunen Stielen; rosa, karminrot, weiß;
verschiedene Größen.
Pflege: Gleichmäßig feucht halten; Verblühtes ausknipsen.
Verwendung: Mit Zier-Kohl, Besenheide, Salbei und
Silberglanz-Nessel.

Besenheide
Calluna vulgaris

🖑   ☀–◑   ✿ 9–11   ≈   ♅

Ein Klassiker für den Herbst.
Wuchs: Dicht buschig mit frischgrünen, schuppenförmigen
Blättchen; 20–35 cm hoch.
Blüte: Röhrenförmig; glockig in Quirlen an den Trieben
hängend; rosa, rot, weiß; eine Besonderheit sind Knospen-
blüher, die ihre Knospen nicht öffnen und dadurch beson-
ders lange ihre Farbe halten, ohne zu verblühen.
Pflege: Pflegeleicht; gelegentlich gießen.
Verwendung: Als Lückenfüller zwischen Winter-Astern,
Blumen-Sedum und Alpenveilchen.

Bleiwurz
Ceratostigma plumbaginoides

🖑   ☀   ✿ 9–10   ≈   ü

Azurblaue Blüten zwischen rotem Laub.
Wuchs: Breitbuschige Horste; graugrünes längliches Laub;
im Herbst zunächst braunrot, später leuchtend orangerot;
mehrjährig; 20–30 cm.
Blüte: Rundlich; azurblau in Büscheln an den Triebenden.
Pflege: Regelmäßig gießen; im Frühling zurückschneiden;
treibt aber erst spät aus.
Verwendung: Vor Winter-Astern zusammen mit Zier-Salbei
und Purpurglöckchen.

Blumen-Sedum
Sedum telephium

🌱 ☼ ✿ 9–10 ≈ ü

Unkomplizierter Dauerblüher für den Herbst.
Wuchs: Buschige Horste mit aufrechten, unverzweigten Trieben; graugrüne, teils rötliche, fleischige Blätter; Höhe 25–50 cm; mehrjährig.
Blüte: Sternförmig; winzig; in großen, flachen Dolden; rostrot, rosa, weiß.
Pflege: Pflegeleicht; Rückschnitt im Frühling.
Verwendung: Vielseitig; zu Winter-Astern, Silberglanz-Nessel, Gräsern und Besenheide.

Sorten und weitere Arten: 'Herbstfreude', sehr beliebt, große Blüten, rosarot; 'Bertram Anderson', kriechender Wuchs. *S. spectabile* 'Rosenteller', rosa, späte Blüte.

Bronze-Segge
Carex petriei 'Bronze Form'

🌱 ☼–◐ ✿ 4–5 ≈ ü

Pflegeleichtes Gras zur Auflockerung.
Wuchs: Aufrechte Horste; lange, leicht gebogene Halme in warmem Bronzebraun; Höhe 40 cm.
Blüte: Unscheinbar.
Pflege: Unkompliziert.
Verwendung: Zwischen rostroten Winter-Astern, Purpur-glöckchen und Blumen-Sedum.

Weitere Arten: *C. hachijoensis* 'Evergold', Halme hellgelb mit dunkel-grünem Saum. *C. panicea,* horstartige, niedrige Segge mit türkisblauen Blättern.

Erika
Erica gracilis

🌱 ☼–◐ ✿ 9–11 ≈ ☒

Ein ultimativer Herbstklassiker.
Wuchs: Buschig; aufrechte Triebe; nadelförmige Blätter in unterschiedlichen Grüntönen; 20–30 cm hoch.
Blüte: Klein; röhrenförmig bis glockig; in Quirlen an den Trieben hängend; rosa, rot, weiß.
Pflege: Regelmäßig gießen; Staunässe vermeiden.
Verwendung: Mischung aus verschiedenen Blütenfarben; zusammen mit Alpenveilchen, Herbst- und Winter-Astern.

Heckenkirsche, Immergrüne

Lonicera nitida 'Lemon Queen'

↰   ☀–◑   ✿ 5   ≈   ü

Immergrüner Lückenfüller.

Wuchs: Strauchförmig mit niederliegenden Trieben, an denen kleine grüne Blättchen mit einem gelben Saum angeordnet sind.

Blüte: Unscheinbar.

Pflege: Pflegeleicht; regelmäßig gießen; kann nach dem Winter zurückgeschnitten werden.

Verwendung: Zwischen niedrige gelbe Winter-Astern; zu Stiefmütterchen, Zierpfeffer und gelbgrünen Purpurglöckchen.

Herbst-Astern

Aster-Arten

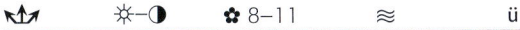

⚘   ☀–◑   ✿ 8–11   ≈   ü

Üppige Blüher für leuchtende Farbakzente.

Wuchs: Buschige, mehrtriebige Horste; reich verzweigt; dunkelgrünes Laub; Höhe 20–60 cm; höhere Formen ungeeignet für Töpfe.

Blüte: Margeritenförmig; 2–3 cm Durchmesser; ungefüllt mit gelber oder brauner Scheibe; auch halb- und dicht gefüllt; lila, violett, rosa, weiß.

Pflege: Regelmäßig gießen.

Verwendung: Zusammen mit Zier-Kohl, Erika, Schneefelberich und Zierpfeffer.

Herbst-Chrysantheme

Chrysanthemum × *grandiflorum*

⚘   ☀–◑   ✿ 9–11   ≈   ☙

Geballte Blütenpracht mitten im Herbst.

Wuchs: Straff aufrecht; buschig verzweigt; 50 bis 80 cm hoch; frischgrünes Laub; zahlreiche Zierformen als Kugel oder Hochstamm gezogen.

Blüte: Strahlenförmig; meist gefüllt oder halbgefüllt; 5–8 cm Durchmesser; anemonen-, pompon- und spinnenblütig; weiß, gelb, bronzefarben, rostrot und burgunderrot, rosa.

Pflege: Regelmäßig gießen; welke Blüten ausputzen.

Verwendung: Solitär, mit Gräsern und als Blattschmuck.

Herbst-Enzian
Gentiana scabra

🌱 ☀–◐ ❀ 9–10 ≋ 🜨

Blaue Extravaganz mit Alpenflair.
Wuchs: Buschige Horste aus langen, verzweigten Trieben; lanzettliche, frischgrüne Blätter; Höhe 15–20 cm.
Blüte: Kelchförmig; 4–6 cm lang; an den Spitzen der Triebe; blau, rosa, weiß.
Pflege: In frische Erde pflanzen; regelmäßig gießen.
Verwendung: Zu Schönkopf, Zier-Salbei, Blumen-Sedum und Purpurglöckchen.

Pfennigkraut
Lysimachia nummularia

↜ ☀–● ❀ 5–7 ≈ ü

Ein Blattschmuck, der Ruhe verbreitet.
Wuchs: Kriechend; überhängend mit langen Trieben, die dicht mit runden kleinen Blättern besetzt sind; frischgrün; ausdauernd; wintergrün.
Blüte: Sternförmig; gelb.
Pflege: Gleichmäßig feucht halten.
Verwendung: Zu den gelben Blüten von Winter-Astern und Silberrand-Chrysanthemen; zu Bleiwurz und gelbgrünen Gräsern.

Sorte: 'Goldilocks', gelbgrüne bis goldgelbe Blättchen mit intensiver Leuchtkraft.

Purpurglöckchen
Heuchera-Hybriden

🌱 ☀–● ❀ 6–9 ≈ ü

Blattschmuck mit intensiver Farbkraft.
Wuchs: Horste; Höhe bis 30 cm; Laub rundlich gelappt bis ahornähnlich; zum Teil auffällige Herbstfärbung.
Blüte: Klein; glockenförmig an kräftigen Stielen; in Rispen; weiß, rosa.
Pflege: Regelmäßig gießen; gelegentlich düngen.
Verwendung: Gute Ergänzung zu Gräsern, Herbstastern und Erika.

Sorten: 'Crème Brûlée', bernsteinfarbenes Laub; 'Strawberry Swirls', minzgrün mit silbriger Mitte; 'Velvet Night', purpurfarbenes Laub mit silbrigem Überzug.

Salbei, Zier-

Salvia officinalis

꒳ꜛ ☼ ✿ 6–7 ≈ ü

Silbriger Blattschmuck mit Eleganz.

Wuchs: Buschig; aufrecht; von unten verholzend; 15–25 cm; länglich ovale bis schmale, graugrüne Blätter; unterschiedliche Zeichnung und Färbung.

Blüte: Zungenblüte; violett.

Pflege: Mäßig gießen; Staunässe vermeiden; bei mehrjähriger Kultur im Frühling alte Triebe zurückschneiden.

Verwendung: Blattschmuck zu Bleiwurz, Schönkopf, Gräsern und Winter-Astern.

Schneefelberich

Lysimachia-Hybriden

꒳ꜛ ☼ ✿ 6–9 ≈ ü

Späte Blüten mit imposanter Herbstfärbung.

Wuchs: Aufrechte Horste aus mehreren wenig verzweigten Trieben; länglich spitze Blätter; zum Teil kräftig rote Herbstfärbung; Höhe 30–50 cm.

Blüte: Sternförmig; weiß; in endständiger Kerze, die am oberen Ende schwungvoll gebogen ist.

Pflege: Pflegeleicht.

Verwendung: Zu Herbst- und Winter-Astern.

Sorten: 'Candela', kompakter Wuchs, niedrig; 'Autumn Snow', buschig, auffällige Herbstfärbung; 'Super Snow', großblumig, spät blühend.

Schönkopf

Leucophyta (Syn.: *Calocephalus*) *brownii*

꒳ꜛ ☼ ✿ 8 ≈ ⚋

Der Lückenfüller für alle Fälle.

Wuchs: Dicht verzweigt; kugelig; silbrige Triebe; nadelartige, silbergraue Blätter; wintergrün; bis 30 cm; meist einjährig.

Blüte: Unscheinbar; gelb; nur in warmen Sommern.

Pflege: Mäßig gießen; Staunässe vermeiden.

Verwendung: Zu Gräsern, Purpurglöckchen, niedrigen Herbstastern, Besenheide, Erika und silberlaubigen Herbstpflanzen.

Silberglanz-Nessel
Lamium galeobdolon

↶   ☀–● ✿ 4–5   ≈   ü

Silbrige Blattschönheit für Anfänger.
Wuchs: Hängende Triebe mit spitz gezähnten Blättern, die teilweise oder ganz von silbrigem Hauch überzogen sind; mehrjährig.
Blüte: Lippenblüten; schwefelgelb; im Frühling.
Pflege: Anspruchslos; verträgt kräftigen Rückschnitt.
Verwendung: Randbepflanzung in Kübeln, Kästen und herbstlichen Ampeln.

Sorte: 'Hermann's Pride' (Bild), auffällig silbrig, schmale spitze Blätter.

Silberrand-Chrysantheme
Ajania pacifica 'Silver 'n' Gold'

↑   ☀–◑ ✿ 9–11   ≈   ⚰

Vereinigung von Blatt- und Blütenschmuck.
Wuchs: Buschig; aufrecht; 15–20 cm hoch; regelmäßig gebuchtetes Laub; olivgrün mit weichem Flaum und weißfilziger Unterseite, die sich als feiner, weißer Rand oben abzeichnet.
Blüte: Goldgelbe Knöpfchen in flachen, dichten Dolden.
Pflege: Pflegeleicht; regelmäßig gießen.
Verwendung: Zu Herbst-Enzian, Winter-Astern, Pfennigkraut und gelb gezeichneten Gräsern.

Skimmie
Skimmia japonica

↰↗   ☀–● ✿ 7–8   ≈   ü

Pflegeleichter Strauch mit winterhartem Fruchtschmuck.
Wuchs: Buschig verzweigt; dunkelgrüne, immergrüne Blätter.
Blüte: Weiß in dichten Dolden im Sommer; später rote Beeren.
Pflege: Feucht halten.
Verwendung: Zu Besenheide, Winter-Astern, Silberglanz-Nessel und Alpenveilchen.

Strauchveronika

Hebe × *andersonii*

↰↱   ☀–◐   ✿ 8–10   ≈   ⚭

Buschiger Blickfang für einen tollen Hintergrund.
Wuchs: Dicht buschig; reich verzweigt; 30–60 cm; frisch-grüne, glänzende Blätter; selten winterhart in unseren Breiten.
Blüte: Klein, in walzenförmigen Kerzen an den Enden der Triebe; violett, weiß.
Pflege: Regelmäßig gießen; Staunässe vermeiden.
Verwendung: Als Kulisse für niedrige Herbstastern, Blumen-Sedum und Purpurglöckchen.

Zier-Kohl

Brassica oleracea var. *acephala*

↰↱   ☀–◐   ✿ –   ≈   ⚭

Ein Blickfang mit Farb- und Formenspiel.
Wuchs: Rosettenförmig angeordnete Blätter auf einem kurzen, kräftigen Stiel; Durchmesser 15–20 cm; äußere Blätter meist blaugrün, zur Mitte intensiv farbig in Weiß, Purpur oder Rosa; Blattränder zum Teil gewellt oder gefranst.
Blüte: Keine.
Pflege: Pflegeleicht.
Verwendung: Zu Besenheide, Alpenveilchen und Winter-Astern.

Zier-Paprika

Capsicum annuum

↰↱   ☀–◐   ✿ 7–8   ≈   ⚭

Für leuchtenden Fruchtschmuck.
Wuchs: Aufrecht buschig; dunkelgrüne, spitz ovale Blätter.
Blüte: Unscheinbar weiß. Früchte auffällig rot, stehend oder hängend; unterschiedliche Formen von kugelig rund bis spitz.
Pflege: Regelmäßig gießen, Staunässe vermeiden.
Verwendung: Zu Veronika, Zier-Salbei, Bleiwurz und Herbstastern.

Adressen, die Ihnen weiterhelfen

Garten-Versandhandel

Gärtner Pötschke
Beuthener Str. 4
41561 Kaarst
Tel.: 0 18 05 / 86 11 00
www.poetschke.de

Ahrens + Sieberz
Hauptstr. 440
53721 Siegburg-Seligenthal
Tel.: 01 80 / 5 33 69 99
www.as-garten.de

Baldur-Garten
Albert-Einstein-Allee 4–6
64625 Bensheim
Tel.: 0 62 51 / 10 33 66
www.baldur-garten.de

Dehner
Donauwörther Str. 5
86641 Rain
Tel.: 0 90 90 / 770
www.dehner.de

Kientzler Gartenbau GmbH & Co. KG
Binger Str. 31
55457 Gensingen
www.kientzler.de

Balkon- und Sommerblumen

Stegmeier-Gartenbau
Unteres Dorf 7
73457 Essingen
Tel.: 0 73 65 / 230
(Geranien/Duftpelargonien)

Blumenschule Engler
Augsburger Str. 62
86956 Schongau
Tel.: 0 88 61 / 73 73
www.blumenschule.de

Raritätengärtnerei Treml
Eckerstr. 32
9347 Arnbruck
Tel.: 0 99 45 / 90 51 00
www.pflanzentreml.de

Blumen- und Gemüsesamen

Keimzeit Saatgut-Fachversand
Tanja Beddies
Hainholzweg 3
21358 Mechtersen
Tel.: 0 41 78 / 8 18 99 50
www.keimzeit-saatgut.de

Ernst Benary Samenzucht
Postfach 1127
34331 Hannoversch-Münden
Tel.: 0 55 41 / 7 00 90
www.benary.de

Volmary GmbH
Kaldenhofer Weg 70
48014 Münster
Tel.: 02 51 / 27 02 01 00
www.volmary.com

Bruno Nebelung GmbH
Freckenhorster Str. 32
48351 Everswinkel
Tel.: 0 25 82 / 67 00
www.nebelung.de

Sperli GmbH
Freckenhorster Str. 32
48351 Everswinkel
Tel.: 0 25 82 / 670-900
www.sperli.de

Florensis Deutschland GmbH
Schlossallee 26
47652 Weeze
Tel.: 0 28 37 / 66 42 50
www.florensis.de

Chrestensen Erfurter
Samen- und Pflanzenzucht
Witterdaer Weg 6
99092 Erfurt
Tel.: 03 61 / 2 24 50
www.chrestensen.de

Schausammlungen

Bayerische Gartenakademie
An der Steige 15
97209 Veitshöchheim
Tel.: 09 31 / 9 80 10
www.lwg.bayern.de/gartenakademie/
(Schausammlung für Beet- und
Balkonpflanzen)

Stichwortverzeichnis

Bildnachweis

Alle Bilder von Friedrich Strauß, außer:
Flora Press/Nova Photo Graphik: 97o;
GBA/Bolton: 14o; GBA/Didillon: 51m,
60u, 101u; GBA/Engelhardt: 109m, 114o;
GBA/Noun: 12m, 15o, 50o, 71m; hcast
– fotolia.com: 35o; JSOBHATIS16899
– shutterstock.com: 30; Kei Shooting
– shutterstock.com: 77o; mauritius images/
Zoonar GmbH/Alamy: 110m; Moerheim
New Plant: 36m; PanAmerican Seed
Co.: 60o; Reinhard: 42m, 71o, 77u,
94m; TJmedia – shutterstock.com: 61u;
Waechter: 59u, 106u; www.Bambus-
Lexikon.de: 103o; www.kientzler.de: 11m,
25o, 31o, 37o, 42u, 53o, 53m, 57o, 66o,
119o, 121m; www.selecta-one.com: 38o

Über die Autoren

Der Garten und die Liebe zu den Pflanzen liegen der bekannten Fachjournalistin **Dorothée Waechter** am Herzen. Als Staudengärtnerin, Gartenbau-Ingeniurin und Gartenbesitzerin hat sie viele Erfahrungen gesammelt, die die Basis für ihre Ratgeber bilden.

Schon bald nach seinem Gartenbaustudium spielte für **Friedrich Strauß** (www.friedrichstrauss.com) sein Hobby, die Pflanzenfotografie, eine immer größere Rolle. Heute zählt er wohl zu den renommiertesten europäischen Gartenfotografen. Der überwiegende Teil seiner fotografierten Pflanzen wird von ihm und seinen Mitarbeitern in seiner Spezialgärtnerei herangezogen und dann nach eigenen Ideen arrangiert. Ein besonderes Talent zeigt er in der Verbindung von fachlichem Pflanzenwissen, professioneller Fotografie, Farbästhetik und gekonntem Lichteinsatz.

Dr. Thomas Hagen ist Biologe und hat in Vegetationskunde und Bodenkunde promoviert. Die Begeisterung für Pflanzen, Garten und Natur, für Fotografie und Bücher ist seine Leidenschaft, die er in mehreren eigenen Buchprojekten umgesetzt hat. Seit vielen Jahren betreut er als Lektor das Gartenbuchprogramm und sorgt dort für informative und gut verständliche Bücher mit hohem ästhetischem Anspruch.

Impressum

Bibliografische Information der Deutschen Nationalbibliothek
Die Deutsche Nationalbibliothek verzeichnet diese Publikation in der Deutschen Nationalbibliografie; detaillierte bibliografische Daten sind im Internet über http://dnb.d-nb.de abrufbar.

3., überarbeitete Auflage des Titels »Welche Pflanze passt auf meinen Balkon?«

BLV Buchverlag
GmbH & Co. KG

80636 München

© 2018 BLV Buchverlag GmbH & Co. KG, München

Umschlagkonzeption und -gestaltung: BLV Buchverlag
Umschlagfotos: Friedrich Strauß

Lektorat: Rita Meixner
Herstellung: Ruth Bost
Satz: Uhl + Massopust, Aalen

Gedruckt auf chlorfrei gebleichtem Papier

Printed in Germany
ISBN 978-3-8354-1822-6

Hinweis
Das vorliegende Buch wurde sorgfältig erarbeitet. Dennoch erfolgen alle Angaben ohne Gewähr. Weder Autoren noch Verlag können für eventuelle Nachteile oder Schäden, die aus den im Buch vorgestellten Informationen resultieren, eine Haftung übernehmen.

 www.facebook.com/blvVerlag